dtv

Ein Werwolf – halb Mensch, halb Wolf – kommt in diesem Buch nicht vor. Aber jemand, der halb Mensch, halb Seehund ist und einer jungen intelligenten Menschenfrau das Leben im Meer als das viel richtigere Leben darstellt, so dass sie... Unheimlich!

Und jemand kommt vor, der erst Vogelscheuche, dann was anderes ist. Was, ist schwer zu sagen. Jedenfalls was Unheimliches.

Unheimlich ist auch das sogenannte zweite Gesicht. Dass ein sensibles Kind ein kommendes Unglück in dem tollen Hotel-Fahrstuhl vorausahnt – oder, anderer Fall, ein normaler Erwachsener minutiös die eigene fernere Zukunft, Unglück hin, Glück her.

Seltsam unheimlich ist es auch, wenn zwei Eheleute, von denen das ganze Dorf meint, dass sie die Hölle miteinander haben, sich abgründig lieben. Auf welcher Basis? Vielleicht auf der eines Dings zwischen Himmel und Erde, von dem unsere Schulweisheit nichts weiß.

Oder ein Feuerwehrmann ist auf seinem waghalsigen Posten darauf angewiesen, dass der Kollege, der unten das Wasser regelt, nicht plötzlich mehr oder weniger Druck gibt. Wenn ihm nun bewusst wird, dass der andere ihn hassen könnte, ja hassen muss...

Oder: die Haushaltshilfe kriegt wieder mal ein Kind, und bei der Frau des Hauses will und will sich keins einstellen. Ist das eine normale Dreiecks- oder Verführungsgeschichte? Oder, da es keine Hexen gibt, ein Kriminalfall?

Sieben Erzählungen in englisch-deutschem Paralleldruck. Jede ist spannend. Keine ist restlos aufzuklären. Unheimlich!

WEIRD STORIES
UNHEIMLICHE GESCHICHTEN

Auswahl und Übersetzung von Richard Fenzl

Deutscher Taschenbuch Verlag

dtv zweisprachig · Edition Langewiesche-Brandt
herausgegeben von Kristof Wachinger

Deutsche Erstausgabe
Copyright-Nachweise siehe letzte Seite

www.dtv.de
Umschlagkonzept: Balk & Brumshagen
Umschlagbild von William Blake (1757–1827)
Satz: W Design, Höchstädt (Ofr.)
Druck und Bindearbeiten: Kösel, Kempten
Gedruckt auf säurefreiem, chlorfrei gebleichtem Papier
ISBN 3-423-09409-5. Printed in Germany

Eric Linklater
Sealskin Trousers

I am not mad. It is necessary to realize that, to accept it as a fact about which there can be no dispute. I have been seriously ill for some weeks, but that was the result of shock. A double or conjoint shock: for as well as the obvious concussion of a brutal event, there was the more dreadful necessity of recognizing the material evidence of a happening so monstrously implausible that even my friends here, who in general are quite extraordinarily kind and understanding, will not believe in the occurrence, though they cannot deny it or otherwise explain – I mean explain away – the clear and simple testimony of what was left.

I, of course, realized very quickly what had happened, and since then I have more than once remembered that poor Coleridge teased his unquiet mind, quite unnecessarily in his case, with just such a possibility; or impossibility, as the world would call it. "If a man could pass through Paradise in a dream," he wrote, "and have a flower presented to him as a pledge that his soul had really been there, and if he found that flower in his hand when he woke – Ay, and what then?"

But what if he had dreamt of Hell and wakened with his hand burnt by the fire. Or of Chaos, and seen another face stare at him from the looking-glass? Coleridge does not push the question far. He was too timid. But I accepted the evidence, and while I was ill I thought seriously about the whole proceeding, in detail and

Eric Linklater
Hosen aus Seehundfell

Ich bin nicht verrückt. Das muss man sich klar machen, muss es als Tatsache hinnehmen, über die es keine Auseinandersetzung geben kann. Ich bin seit einigen Wochen ernstlich krank, doch das war die Folge eines Schocks. Eines doppelten oder zusammenhängenden Schocks: denn ebensogut wie die offensichtliche Erschütterung durch ein entsetzliches Ereignis bestand die schrecklichere Notwendigkeit, die sachliche Gewissheit eines Vorfalls zu erkennen, der so haarsträubend unglaubwürdig war, dass sogar meine Freunde hier, die im allgemeinen ganz außerordentlich nett und verständnisvoll sind, nicht an die Begebenheit glauben wollen, obgleich sie diese nicht leugnen noch sonstwie den klaren und schlichten Beweis dessen, was zurückblieb, erklären – ich meine: wegerklären – können.

Ich erkannte natürlich sehr rasch, was geschehen war, und seit damals habe ich mich mehr als einmal daran erinnert, dass der arme Coleridge – in seinem Fall ganz unnötig – seinen unruhigen Geist mit so einer Möglichkeit oder, wie alle Welt sagen würde, Unmöglichkeit quälte. «Wenn ein Mensch im Traum durch das Paradies wandeln könnte», schrieb er, «und eine Blume überreicht bekäme als Unterpfand dafür, dass seine Seele tatsächlich dort gewesen sei, und wenn er diese Blume beim Aufwachen in seiner Hand vorfände – na, was wäre dann?»

Was aber, wenn er von der Hölle geträumt hätte und mit verbrannter Hand aufgewacht wäre? Oder er hätte vom Chaos geträumt und dann gesehen, dass ihm aus dem Spiegel ein anderes Gesicht entgegenblickt? Coleridge geht der Frage nicht weiter nach. Er hatte Scheu. Doch ich nahm die augenscheinliche Gewissheit an, und während ich krank war, dachte ich ernsthaft über das ganze Gesche-

in sequence of detail. I thought, indeed, about little else. To begin with, I admit, I was badly shaken, but gradually my mind cleared and my vision improved, and because I was patient and persevering – that needed discipline – I can now say that I know what happened. I have indeed, by a conscious intellectual effort, *seen and heard* what happened. This is how it began...

How very unpleasant! she thought.

She had come down the great natural steps on the sea-cliff to the ledge that narrowly gave access, round the angle of it, to the western face which today was sheltered from the breeze and warmed by the afternoon sun. At the beginning of the week she and her fiancé, Charles Sellin, had found their way to an almost hidden shelf, a deep veranda sixty feet above the white-veined water. It was rather bigger than a billiard-table and nearly as private as an abandoned lighthouse. Twice they had spent some blissful hours there. She had a good head for heights, and Sellin was indifferent to scenery. There had been nothing vulgar, no physical contact, in their bliss together on this oceanic gazebo, for on each occasion she had been reading Héaloin's *Studies in Biology* and he Lenin's *What is to be Done?*

Their relations were already marital, not because their mutual passion could brook no pause, but rather out of fear lest their friends might despise them for chastity and so conjecture some oddity or impotence in their nature. Their behaviour, however, was very decently circumspect, and they already conducted themselves, in public and out of doors, as if they had been

hen nach, im einzelnen und in der Reihenfolge der Einzelheiten. Ich dachte kaum an anderes. Im voraus gebe ich zu, dass ich arg mitgenommen war, aber allmählich wurde der Geist frei und die Übersicht klärte sich, und weil ich geduldig und ausdauernd war – das erforderte Disziplin – kann ich jetzt sagen, dass ich weiß, was geschah. Durch eine bewusste geistige Anstrengung habe ich wirklich *gesehen und gehört*, was sich ereignete. Es begann so:

Wie überaus unerfreulich! dachte sie.

Sie war auf der Meeresklippe die großen natürlichen Stufen zu der Felsbank heruntergegangen, welche um ihre scharfe Kante herum mit Mühe den Zugang zur Westseite ermöglichte, die heute vor dem leichten Wind geschützt und von der Nachmittagssonne erwärmt war. Zu Beginn der Woche hatten sie und ihr Verlobter, Charles Sellin, den Weg zu einem fast verborgenen Felsvorsprung gefunden, eine tief gelegene Veranda, die, sechzig Fuß über dem weißgefleckten Wasser, etwas größer als ein Billardtisch war und fast so einsam wie ein verlassener Leuchtturm. Zweimal hatten sie dort ein paar selige Stunden verbracht. Sie war schwindelfrei, und Sellin war gleichgültig gegenüber der Landschaft. In ihrer gemeinsamen Glückseligkeit auf diesem Aussichtspunkt über dem Ozean war nichts Unanständiges gewesen, keine körperliche Berührung, denn sie las bei jeder Gelegenheit Héaloins «Biologische Studien», und er Lenins «Was ist zu tun?»

Ihre Beziehungen waren bereits die von Eheleuten, nicht weil ihre Leidenschaft zueinander keine Pause ertrug, sondern eher aus Angst, ihre Freunde könnten sie wegen ihrer Keuschheit verachten und deshalb irgendeine Eigenartigkeit oder Schwäche in ihrer Natur vermuten. Ihr Verhalten war jedoch auf sehr ehrbare Art umsichtig; in der Öffentlichkeit und im Freien benahmen sie sich schon, als wären sie seit mehreren Jahren verheiratet. Sie betrach-

married for several years. They did not regard the seclusion of the cliffs as an opportunity for secret embracing, but were content that the sun should warm and colour their skin; and let their anxious minds be soothed by the surge and cavernous colloquies of the sea. Now, while Charles was writing letters in the little fishing-hotel a mile away, she had come back to their sandstone ledge, and Charles would join her in an hour or two. She was still reading *Studies in Biology*.

But their gazebo, she perceived, was already occupied, and occupied by a person of the most embarrassing appearance. He was quite unlike Charles. He was not only naked, but obviously robust, brown-hued, and extremely hairy. He sat on the very edge of the rock, dangling his legs over the sea, and down his spine ran a ridge of hair like the dark stripe on a donkey's back, and on his shoulderblades grew patches of hair like the wings of a bird. Unable in her disappointment to be sensible and leave at once, she lingered for a moment and saw to her relief that he was not quite naked. He wore trousers of a dark brown colour, very low at the waist, but sufficient to cover his haunches. Even so, even with that protection for her modesty, she could not stay and read biology in his company.

To show her annoyance, and let him become aware of it, she made a little impatient sound; and turning to go, looked back to see if he had heard.

He swung himself round and glared at her, more angry on the instant than she had been. He had thick eyebrows, large dark eyes, a broad snub nose, a big mouth. "You're Roger Fairfield!" she exclaimed in surprise.

teten die Abgeschiedenheit der Klippen nicht als Gelegenheit, sich heimlich zu umarmen, sondern waren zufrieden, dass die Sonne ihre Haut wärmte und bräunte, und sie ließen ihre unruhigen Seelen von dem Auf und Ab und den dumpfen Zwiegesprächen des Meeres besänftigen. Jetzt, während Charles eine Meile entfernt in dem kleinem Fischergasthaus Briefe schrieb, war sie zu ihrer Sandsteinbank zurückgekehrt, und Charles würde in ein bis zwei Stunden nachkommen. Sie las noch immer «Biologische Studien».

Doch ihr Aussichtspunkt, merkte sie, war schon besetzt, und zwar von jemand, dessen Äußeres überaus peinlich anmutete. Er war ganz anders als Charles. Er war nicht nur nackt, sondern offensichtlich kräftig, braungebrannt und ungemein behaart. Er saß am äußersten Rand des Felsens und ließ die Beine über dem Meer baumeln; an seinem Rückgrat entlang lief ein Streifen Haar wie der dunkle Streifen auf dem Rücken eines Esels, und auf seinen Schulterblättern wuchsen Haarbüschel gleich den Schwingen eines Vogels. Da sie in ihrer Enttäuschung nicht imstande war, vernünftig zu sein und gleich wegzugehen, zögerte sie eine Weile und sah zu ihrer Erleichterung, dass er nicht ganz nackt war. Er trug eine dunkelbraune Hose, die sehr tief in der Taille saß, aber ausreichte, seine Hüften zu bedecken. Doch selbst so, selbst mit diesem Schutz für ihre Sittsamkeit, konnte sie nicht bleiben und in seiner Gegenwart im Biologiebuch lesen.

Um ihre Verärgerung zu zeigen und ihn sie merken zu lassen, gab sie einen kurzen Laut des Unmuts von sich; und während sie sich zum Weggehen wandte, sah sie zurück, um sich zu überzeugen, ob er gehört habe.

Er schwang sich herum und starrte sie an, im Augenblick zorniger als sie. Er hatte starke Augenbrauen, große dunkle Augen, eine breite Stupsnase, einen großen Mund. «Sie sind Roger Fairfield!» rief sie überrascht.

He stood up and looked at her intently. "How do you know?" he asked.

"Because I remember you," she answered, but then felt a little confused, for what she principally remembered was the brief notoriety he had acquired, in his final year at Edinburgh University, by swimming on a rough autumn day from North Berwick to the Bass Rock to win a bet of five pounds.

The story had gone briskly round the town for a week, and everybody knew that he and some friends had been lunching, too well for caution, before the bet was made. His friends, however, grew quickly sober when he took to the water, and in a great fright informed the police, who called out the lifeboat. But they searched in vain, for the sea was running high, until in calm water under the shelter of the Bass they saw his head, dark on the water, and pulled him aboard. He seemed none the worse for his adventure, but the police charged him with disorderly behaviour and he was fined two pounds for swimming without a regulation costume.

"We met twice," she said, "once at a dance and once in Mackie's when we had coffee together. About a year ago. There were several of us there, and we knew the man you came in with. I remember you perfectly."

He stared the harder, his eyes narrowing, a vertical wrinkle dividing his forehead. "I'm a little shortsighted too," she said with a nervous laugh.

"My sight's very good," he answered, "but I find it difficult to recognize people. Human beings are so much alike."

Er stand auf und sah sie unverwandt an. «Woher wissen Sie das?» fragte er.

«Weil ich mich an Sie erinnere», antwortete sie, war aber dann etwas verlegen vor, denn woran sie sich hauptsächlich erinnerte, war die kurze fragwürdige Berühmtheit, die er in seinem letzten Studienjahr an der Universität von Edinburgh erlangte, als er an einem rauhen Herbsttag von North Berwick zum Felsen von Bass schwamm, um eine Wette von fünf Pfund zu gewinnen.

Die Geschichte war eine Woche lang in der Stadt Gesprächsthema gewesen; jeder wusste, dass er und einige Freunde vor der Wette zu Mittag gegessen hatten – zu gut, um vorsichtig zu bleiben. Seine Freunde wurden jedoch schnell nüchtern, als er ins Wasser stieg, und sie benachrichtigten in ihrem Schrecken die Polizei, die das Rettungsboot einsetzte. Doch sie suchten vergeblich, denn es war hoher Seegang; schließlich sahen sie im Schutze des Bass-Felsens in ruhigem Wasser seinen Kopf, dunkel auf dem Wasser, und zogen ihn an Bord. Trotz seinem Abenteuer schien es ihm nicht schlecht zu gehen, aber die Polizei belegte ihn wegen Ordnungswidrigkeit mit zwei Pfund Geldstrafe, weil er ohne vorschriftsmäßige Badekleidung geschwommen war.

«Wir sind uns zweimal begegnet», sagte sie. «Einmal bei einer Tanzveranstaltung und einmal bei Mackie, als wir zusammen Kaffee tranken. Vor etwa einem Jahr. Mehrere von uns waren dabei, und wir kannten den Mann, mit dem Sie hereinkamen. Ich erinnere mich genau an Sie.»

Er starrte umso unentwegter, wobei seine Augen sich verengten und eine senkrechte Falte seine Stirn teilte. «Ich bin auch ein wenig kurzsichtig», sagte sie mit einem nervösen Lachen.

«Mein Sehvermögen ist sehr gut», antwortete er, «doch fällt es mir schwer, Leute wiederzuerkennen. Die Menschen sehen sich so sehr ähnlich.»

"That's one of the rudest remarks I've ever heard!"

"Surely not?"

"Well, one does like to be remembered. It isn't pleasant to be told that one's a nonentity."

He made an impatient gesture. "That isn't what I meant, and I do recognize you now. I remember, your voice. You have a distinctive voice and a pleasant one. F sharp in the octave below middle C is your note."

"Is that the only way in which you can distinguish people?"

"It's as good as any other."

"But you don't remember my name?"

"No," he said.

"I'm Elizabeth Barford."

He bowed and said, "Well, it was a dull party, wasn't it? The occasion, I mean, when we drank coffee together."

"I don't agree with you. I thought it was very amusing, and we all enjoyed ourselves. Do you remember Charles Sellin?"

"No."

"Oh, you're hopeless," she exclaimed. "What is the good of meeting people if you're going to forget all about them?"

"I don't know," he said. "Let us sit down, and you can tell me."

He sat again on the edge of the rock, his legs dangling, and looking over his shoulder at her, said, "Tell me: what is the good of meeting people?"

She hesitated, and answered, "I like to make friends. That's quite natural, isn't it? – But I came here to read."

«Das ist eine der patzigsten Bemerkungen, die ich je gehört habe.»

«Wirklich?»

«Nun, man möchte doch gern in Erinnerung bleiben. Es ist nicht angenehm, dass einem gesagt wird, man sei eine Null.»

Er machte eine ungeduldige Geste. «Das habe ich nicht gemeint, und ich erkenne Sie jetzt tatsächlich. Ich erinnere mich an Ihre Stimme. Sie haben eine ausgeprägte und angenehme Stimme. Fis in der Oktave unter dem eingestrichenen C – das ist Ihre Tonart.»

«Ist das die einzige Möglichkeit, wie Sie Leute unterscheiden können?»

«Sie ist so gut wie jede andere.»

«Aber Sie erinnern sich nicht an meinen Namen?»

«Nein», sagte er.

«Ich bin Elizabeth Barford.»

Er verbeugte sich und sagte: «Nun, es war ein langweiliges Treffen, nicht wahr? Die Gelegenheit, meine ich, bei der wir miteinander Kaffee tranken.»

«Ich bin nicht Ihrer Meinung. Ich fand es recht unterhaltsam, und wir hatten alle unseren Spaß. Erinnern Sie sich an Charles Sellin?»

«Nein.»

«Oh, Sie sind hoffnungslos», rief sie aus. «Wozu ist es gut, andere Leute zu treffen, wenn man gleich wieder alles über sie vergisst?»

«Ich weiß es nicht», sagte er. «Setzen wir uns; dann können Sie es mir ja erzählen.»

Er setzte sich wieder auf den Rand des Felsens, ließ die Beine baumeln, schaute sie über die Schulter an und sagte: «Erzählen Sie mir: Wozu ist es gut, Leute zu treffen?»

Sie zögerte und antwortete: «Ich gewinne gern Freunde. Das ist doch ganz normal, oder? – Aber hierher bin ich zum Lesen gekommen.»

"Do you read standing?"

"Of course not," she said, and smoothing her skirt tidily over her knees, sat down beside him. "What a wonderful place this is for a holiday. Have you been here before?"

"Yes, I know it well."

"Charles and I came a week ago. Charles Sellin, I mean, whom you don't remember. We're going to be married, you know. In about a year, we hope."

"Why did you come here?"

"We wanted to be quiet, and in these islands one is fairly secure against interruption. We're both working quite hard."

"Working!" he mocked. "Don't waste time, waste your life instead."

"Most of us have to work, wbether we like it or not."

He took the book from her lap, and opening it read idly a few lines, turned a dozen pages and read with a yawn another paragraph.

"Your friends in Edinburgh," she said, "were better-off than ours. Charles and I, and all the people we know, have got to make our living."

"Why?" he asked.

"Because if we don't we shall starve," she snapped.

"And if you avoid starvation – what then?"

"It's possible to hope," she said stiffly, "that we shall be of some use in the world."

"Do you agree with this?" he asked, smothering a second yawn, and read from the book: *"The physical factor in a germ-cell is beyond our analysis or assessment, but can we deny subjectivity to the primordial initiatives? It is*

« Lesen Sie im Stehen? »

« Natürlich nicht », sagte sie, zog ihren Rock ordentlich über den Knien glatt und setzte sich neben den Mann. « Was ist das doch für ein herrlicher Platz für einen freien Tag! Sind Sie früher schon einmal hier gewesen? »

« Ja, ich kenne ihn gut. »

Charles und ich kamen vor einer Woche hierher. Charles Sellin, meine ich, an den Sie sich nicht erinnern. Wissen Sie, wir werden bald heiraten. In ungefähr einem Jahr, hoffen wir. »

« Warum kamen Sie hierher? »

« Wir wollten unsere Ruhe haben, und auf diesen Inseln ist man ziemlich sicher vor Störungen. Wir arbeiten beide zur Zeit sehr angestrengt. »

« Arbeiten! » höhnte er. Verschwenden Sie keine Zeit, Sie verschwenden statt dessen Ihr Leben. »

« Die meisten von uns müssen arbeiten, ob wir es wollen oder nicht. »

Er nahm das Buch aus ihrem Schoß, schlug es auf und las gelangweilt ein paar Zeilen, blätterte ein Dutzend Seiten weiter und las gähnend noch einen Abschnitt.

« Ihren Freunden in Edinburgh », sagte sie, « ging es finanziell besser als den unseren. Charles und ich und all die Leute, die wir kennen, müssen unseren Lebensunterhalt verdienen. »

« Warum? » fragte er.

« Weil wir sonst verhungern », fauchte sie.

« Und wenn Sie das Hungerleiden vermeiden – was dann? »

« Man kann hoffen », sagte sie steif, « dass wir auf der Welt von einigem Nutzen sein werden. »

« Stimmen Sie dem Folgenden zu? » fragte er, unterdrückte dabei ein zweites Gähnen und las aus dem Buch: *«Der Steuerfaktor in einer Keimzelle entzieht sich unserer Analyse oder Einschätzung, aber können wir den Ur-*

easier, perhaps, to assume that mind comes late in development, but the assumption must not be established on the grounds that we can certainly deny self-expression to the cell. It is common knowledge that the mind may influence the body both greatly and in little unseen ways; but how it is done, we do not know. Psychobiology is still in its in fancy."

"It's fascinating, isn't it?" she said.

"How do you propose," he asked, "to be of use to the world?"

"Well, the world needs people who have been educated – educated to think – and one does hope to have a little influence in some way."

"Is a little influence going to make any difference? Don't you think that what the world needs is to develop a new sort of mind? It needs a new primordial directive, or quite a lot of them, perhaps. But psychobiology is still in its infancy, and you don't know how such changes come about, do you? And you can't forsee when you will know, can you?"

"No, of course not. But science is advancing so quickly – "

"In fifty thousand years?" he interrupted. "Do you think you *will* know by then?"

"It's difficult to say," she answered seriously, and was gathering her thoughts for a careful reply when again he interrupted, rudely, she thought, and quite irrelevantly. His attention had strayed from her and her book to the sea beneath, and he was looking down as though searching for something. "Do you swim?" he asked.

"Rather well," she said.

"I went in just before high water, when the

Anweisungen Subjektivität absprechen? Möglicherweise ist es leichter zu glauben, dass der Geist erst spät in der Entwicklung auftritt, aber diese Annahme darf nicht darin begründet sein, dass wir ein Sich-selbst-äußern einer Zelle mit Sicherheit abstreiten. Es ist allgemein bekannt, dass der Geist den Körper beeinflussen kann, ebenso grundlegend wie unmerklich. Wie es geschieht, wissen wir nicht. Die Psychobiologie steckt noch in den Kinderschuhen.»

«Sie ist spannend, nicht wahr?» sagte sie.

«Wie gedenken Sie der Welt zu nützen?» fragte er.

«Nun, die Welt braucht Leute, die ausgebildet worden sind – zum Denken ausgebildet – und man hofft doch, irgendwie ein wenig Einfluss auszuüben.»

«Ändert denn ein bisschen Einfluss irgendwie die Sachlage? Meinen Sie nicht, dass die Welt etwas anderes braucht: nämlich die Entwicklung einer neuen Art von Geist? Sie braucht eine neue Ursprungs-Anweisung oder vielleicht eine ganze Menge Ursprungs-Anweisungen. Aber die Psychobiologie steckt noch in ihren Kinderschuhen, und man weiß nicht, wie solche Veränderungen zustandekommen; oder? Und man kann nicht voraussehen. wann man Bescheid wissen wird, nicht wahr?»

«Nein, natürlich nicht. Doch die Wissenschaft schreitet so rasch voran...»

«In fünfzigtausend Jahren?» unterbrach er. «Glauben Sie, dass man dann Bescheid weiß?»

«Das ist schwer zu sagen», antwortete sie ernst und sammelte ihre Gedanken, um überlegt antworten zu können, als er wieder unterbrach, ihrer Meinung nach grob und ganz und gar nicht zur Sache gehörig. Seine Aufmerksamkeit hatte sich von ihr und dem Buch abgewendet, und er blickte hinunter auf das Meer, als suche er etwas. «Sind Sie Schwimmerin?» fragte er.

«Eine ziemlich gute», sagte sie.

«Ich ging gerade vor dem höchsten Wasserstand bei Flut

weed down there was all brushed in the opposite direction. You never get bored by the sea, do you?"

"I've never seen enough of it," she said. "I want to live on an island, a little island, and hear it all round me."

"That's very sensible of you," he answered with more warmth in his voice. "That's uncommonly sensible for a girl like you."

"What sort of a girl do you think I am?" she demanded, vexation in her accent, but he ignored her and pointed his brown arm to the horizon: "The colour has thickened within the last few minutes. The sea was quite pale on the skyline, and now it's a belt of indigo. And the writing has changed. The lines of foam on the water, I mean. Look at that. There's a submerged rock out there, and always, about half an hour after the ebb has started to run, but more clearly when there's an off-shore wind, you can see those two little whirlpools and the circle of white round them. You see the figure they make? It's like this, isn't it?"

With a splinter of stone he drew a diagram on the rock.

"Do you know what it is?" he asked. "It's the figure the Chinese call the T'ai Chi. They say it represents the origin of all created things. And it's the sign manual of the sea."

"But those lines of foam must run into every conceivable shape," she protested.

"Oh, they do. They do indeed. But it isn't often you can read them – There he is!" he exclaimed, leaning forward and staring into the water sixty feet below. "That's him, the old villain!"

hinein, als all der Tang dort unten in die entgegengesetzte Richtung getrieben wurde. Die See wird einem doch nie langweilig, nicht wahr?»

«Ich habe mich an ihr noch nie satt gesehen», sagte sie. «Ich wünsche mir, auf einer Insel zu leben, einem Inselchen, und rund um mich herum das Meer zu hören.»

«Das ist sehr vernünftig von Ihnen», antwortete er mit mehr Wärme in der Stimme. «Für ein Mädchen wie Sie ist das ungewöhnlich vernünftig.»

«Für was für eine Art von Mädchen halten Sie mich denn?» fragte sie mit Verärgerung im Tonfall, doch er ging nicht auf sie ein und wies mit seinem braunen Arm auf den Horizont. «Die Färbung ist innerhalb der letzten paar Minuten stärker geworden. Das Meer war bis außen hin ganz hell und jetzt ist es ein indigofarbener Streifen. Und die Schrift ist eine andere geworden. Die Schaumlinien auf dem Wasser, meine ich. Sehen Sie sich das an! Dort draußen ist ein Felsen unter Wasser, und immer kann man, etwa eine halbe Stunde, nachdem die Ebbe eingesetzt hat, aber noch deutlicher, wenn der Wind von der Küste her weht, jene beiden kleinen Strudel sehen und den hellen Kreis um sie herum. Sehen Sie die Figur, die sie beschreiben? Sie sieht *so* aus, nicht wahr?»

Mit einem Steinsplitter zeichnete er eine Graphik auf den Felsen.

«Wissen Sie, was das ist?» fragte er. «Es ist das Zeichen, das von den Chinesen T'ai Chi genannt wird. Sie behaupten, es stelle den Ursprung aller erschaffenen Dinge dar. Und es ist das Handbuch der Zeichen für das Meer.»

«Aber diese Schaumlinien müssen doch in jede denkbare Form laufen», wandte sie ein.

«Oh ja. In der Tat. Doch nicht oft kann man sie lesen – Dort ist er!» rief er aus, beugte sich nach vorne und starrte in das Wasser sechzig Fuß unter ihnen. «Das ist er, der alte Schurke!»

From his sitting position, pressing hard down with his hands and thrusting against the face of the rock with his heels, he hurled himself into space, and straightening in mid-air broke the smooth green surface of the water with no more splash than a harpoon would have made. A solitary razorbill, sunning himself on a shelf below, fled hurriedly out to sea, and half a dozen white birds, startled by the sudden movement, rose in the air crying "Kittiwake! Kittiwake!"

Elizabeth screamed loudly, scrambled to her feet with clumsy speed, then knelt again on the edge of the rock and peered down. In the slowly heaving clear water she could see a pale shape moving, now striped by the dark weed that grew in tangles under the flat foot of the rock, now lost in the shadowy deepness where the tangles were rooted. In a minute or two his head rose from the sea, he shook bright drops from his hair, and looked up at her, laughing. Firmly grasped in his right hand, while he trod water, he held up an enormous blue-black lobster for her admiration. Then he threw it on to the flat rock beside him, and swiftly climbing out of the sea, caught it again and held it, cautious of its bite, till he found a piece of string in his trouser-pocket. He shouted to her, "I'll tie its claws, and you can take it home for your supper!"

She had not thought it possible to climb the sheer face of the cliff, but from its forefoot he mounted by steps and handholds invisible from above, and pitching the tied lobster on to the floor of the gazebo, came nimbly over the edge.

Aus seiner sitzenden Stellung stützte er sich kräftig mit den Händen hoch, stieß sich mit den Fersen gegen die Felswand ab und schleuderte sich in die Luft. Da er sich auf halbem Weg hinab aufrichtete, wurde der glatte grüne Wasserspiegel durch sein Eintauchen nicht stärker aufgewühlt, als es durch eine Harpune geschehen wäre. Ein einsamer Tordalk, der sich auf einer Sandbank da unten sonnte, floh rasch auf das Meer hinaus, und ein halbes Dutzend weiße Vögel, erschreckt durch die plötzliche Bewegung, schwangen sich in die Luft und schrien: «Kittiwejk! Kittiwejk!»

Elizabeth rief schrill und laut, rappelte sich mit umständlicher Schnelligkeit auf, kniete dann wieder auf dem Rand des Felsens nieder und spähte hinunter. In dem langsam wogenden klaren Wasser konnte sie sehen, wie eine helle Gestalt sich bewegte, bald gestreift vom dunklen Tang, der in wirren Knäueln unter dem flachen Fuß des Felsens wuchs, bald verloren in der unbestimmten Tiefe, wo die Knäuel wurzelten. Nach ein bis zwei Minuten tauchte sein Kopf aus der See auf, er schüttelte glänzende Tropfen aus dem Haar, blickte zu ihr herauf und lachte. In seiner rechten Hand hielt er, während er Wasser trat, mit festem Griff einen riesigen blau-schwarzen Hummer, damit sie ihn bewundere. Dann warf er ihn auf den flachen Felsen neben sich, arbeitete sich rasch aus dem Meer, fing ihn wieder und hielt ihn vorsichtig, um nicht gebissen zu werden, bis er ein Stück Schnur in seiner Hosentasche fand. Er rief ihr zu: «Ich werde ihm die Scheren zusammenbinden, und Sie können ihn zum Abendessen mit nach Hause nehmen!»

Sie hatte es nicht für möglich gehalten, dass die steile Wand der Klippe zu erklimmen sei, doch vom vorspringenden Fuß der Wand stieg er über Stufen und Griffe, die von oben nicht zu sehen waren, empor, warf den zusammengebundenen Hummer auf den Boden der Aussichtsterrasse und kam behend über deren Rand.

"That's a bigger one than you've ever seen in your life before," he boasted. "He weighs fourteen pounds, I'm certain of it. Fourteen pounds at least. Look at the size of his right claw! He could crack a coconut with that. He tried to crack my ankle when I was swimming an hour ago, and got into his hole before I could catch him. But I've caught him now, the brute. He's had more than twenty years of crime, that black boy. He's twenty-four or twenty-five by the look of him. He's older than you, do you realize that? Unless you're a lot older than you look. How old are you?"

But Elizabeth took no interest in the lobster. She had retreated until she stood with her back to the rock, pressed hard against it, the palms of her hands fumbling on the stone as if feeling for a secret lock or bolt that might give her entrance into it. Her face was white, her lips pale and tremulous.

He looked round at her, when she made no answer, and asked what the matter was.

Her voice was faint and frightened. "Who are you?" she whispered, and the whisper broke into a stammer. "What are you?"

His expression changed and his face, with the water-drops on it, grew hard as a rock shining undersea. "It's only a few minutes," he said, "since you appeared to know me quite well. You addressed me as Roger Fairfield, didn't you?"

"But a name's not everything. It doesn't tell you enough."

"What more do you want to know?"

Her voice was so strained and thin that her words were like the shadow of words, or words shivering in the cold: "To jump like that, into the sea – it wasn't human!"

«Das ist ein größerer, als Sie je zuvor in Ihrem Leben gesehen haben», rühmte er sich. «Er wiegt bestimmt seine vierzehn Pfund. Mindestens vierzehn Pfund. Schauen Sie sich die Größe seiner rechten Schere an! Damit könnte er eine Kokosnuss knacken. Er versuchte, mir den Knöchel zu zerbrechen, als ich vor einer Stunde schwamm und verzog sich in seine Höhle, ehe ich ihn fangen konnte. Doch jetzt habe ich ihn, den Rohling. Er hat mehr als zwanzig Jahre Verbrechen auf seinem Panzer, der Unhold. Seinem Aussehen nach ist er vier- oder fünfundzwanzig Jahre alt. Er ist älter als Sie; ist Ihnen das klar? Falls Sie nicht viel älter sind als Sie aussehen. Wie alt sind Sie eigentlich?»

Doch Elizabeth machte sich nichts aus dem Hummer. Sie war zurückgegangen, bis sie mit dem Rücken zum Felsen stand, drückte fest dagegen, wobei ihre Handflächen an dem Stein umhertappten, als suche sie nach einem verborgenen Schloss oder Riegel, die ihr Einlass gewähren könnten. Ihr Gesicht war weiß, ihre Lippen bleich und zitternd.

Er sah sich nach ihr um, als sie nicht antwortete, und fragte, was los sei.

Ihre Stimme war schwach und verschüchtert. «Wer sind Sie?» flüsterte sie, und das Flüstern schlug um in ein Stottern. «Was sind Sie?»

Sein Ausdruck veränderte sich, und sein Gesicht mit den Wassertropfen darauf wurde hart wie ein unter Wasser glänzender Fels. «Erst vor ein paar Minuten schienen Sie mich ganz gut zu kennen», sagte er. «Sie sprachen mich mit Roger Fairfield an, oder nicht?»

«Ein Name ist doch nicht alles. Er sagt einem nicht genug.»

«Was wollen Sie noch mehr wissen?»

Ihre Stimme war so angestrengt und dünn, dass ihre Worte wie der Schatten von Worten waren, oder wie Worte, die in der Kälte zitterten: «So ins Meer zu springen – das war nicht menschlich.»

The coldness of his face wrinkled to a frown.

"That's a curious remark to make."

"You would have killed yourself if – if –"

He took a seaward step again, looked down at the calm green depths below, and said, "You're exaggerating, aren't you? It's not much more than fifty feet, sixty perhaps, and the water's deep: Here, come back! Why are you running away?"

"Let me go!" she cried. "I don't want to stay here. I – I'm frightened."

"That's unfortunate. I hadn't expected this to happen."

"Please let me go!"

"I don't think I shall. Not until you've told me what you're frightened of."

"Why," she stammered, "why do you wear fur trousers?"

He laughed, and still laughing caught her round the waist and pulled her towards the edge of the rock. "Don't be alarmed," he said. "I'm not going to throw you over. But if you insist on a conversation about trousers, I think we should sit down again. Look at the smoothness of the water, and its colour, and the light in the depths of it: have you ever seen anything lovelier? Look at the sky: that's calm enough, isn't it? Look at that fulmar sailing past: he's not worrying, so why should you?"

She leaned away from him, all her weight against the hand that held her waist, but his arm was strong and he seemed unaware of any strain on it. Nor did he pay attention to the distress she was in – she was sobbing dryly, like a child who has cried too long – but continued talking in a light and pleasant conversational tone

Die Kälte seines Gesichts machte einem Stirnrunzeln Platz.

« Eine seltsame Bemerkung, was Sie da sagen. »

« Sie hätten sich umgebracht, wenn – wenn... »

Er tat wieder einen Schritt in Richtung Meer, blickte auf die ruhigen, grünen Tiefen hinunter und sagte: « Sie übertreiben jetzt, nicht wahr? Es sind nicht viel mehr als fünfzig, vielleicht sechzig Fuß, und das Wasser ist tief. – Hier, kommen Sie zurück! Warum laufen Sie weg? »

« Lassen Sie mich gehen! » rief sie. « Ich will nicht hier bleiben. Ich – ich fürchte mich. »

« Schade. Damit hatte ich nicht gerechnet. »

« Lassen Sie mich bitte gehen! »

« Ich glaube nicht, dass ich das tun werde. Erst wenn Sie mir gesagt haben, wovor Sie sich fürchten. »

« Warum », stammelte Sie, « warum tragen Sie Hosen aus Fell? »

Er lachte, und noch während des Lachens fasste er sie um die Taille und zog sie auf den Rand des Felsens zu. « Seien Sie unbesorgt », sagte er. « Ich werde Sie nicht hinunterwerfen. Wenn Sie aber großen Wert auf eine Unterhaltung über Hosen legen, glaube ich, dass wir uns wieder setzen sollten. Betrachten Sie die Glätte des Wassers, seine Farbe und das Licht in seinen Tiefen! Haben Sie je etwas Entzückenderes gesehen? Schauen Sie den Himmel an! Das ist doch Ruhe genug, oder? Betrachten Sie jenen Eissturmvogel, der gerade vorbeisegelt! Er ängstigt sich nicht; warum sollten also Sie es tun? »

Sie rückte ab von ihm, mit ihrem ganzen Gewicht weg von der Hand, die ihre Taille hielt, doch sein Arm war stark, und der Mann schien keinerlei Druck auf seinen Arm zu bemerken. Auch achtete er nicht auf die Not, in der sie sich befand – sie schluchzte trocken, wie ein Kind, das zu lange geschrien hat –, sondern plauderte weiter in einem leichten, angenehmen Unterhaltungston, bis die Mus-

until the muscles of her body tired and relaxed, and she sat within his enclosing arm, making no more effort to escape, but timorously conscious of his hand upon her side so close beneath her breast."

"I needn't tell you," he said, "the conventional reasons for wearing trousers. There are people, I know, who sneer at all conventions, and some conventions deserve their sneering. But not the trouser-convention. No, indeed! So we can admit the necessity of the garment, and pass to consideration of the material. Well, I like sitting on rocks, for one thing, and for such a hobby this is the best stuff in the world. It's very durable, yet soft and comfortable. I can slip into the sea for half an hour without doing it any harm, and when I come out to sun myself on the rock again, it doesn't feel cold and clammy. Nor does it fade in the sun or shrink with the wet. Oh, there are plenty of reasons for having one's trousers made of stuff like this."

"And there's a reason," she said, "that you haven't told me."

"Are you quite sure of that?"

She was calmer now, and her breathing was controlled. But her face was still white, and her lips were softly nervous when she asked him, "Are you going to kill me?"

"Kill you? Good heavens, no! Why should I do that?"

"For fear of my telling other people."

"And what precisely would you tell them?"

"You know."

"You jump to conclusions far too quickly: that's your trouble. Well, it's a pity for your sake, and

keln ihres Körpers ermüdeten und sich entspannten; und sie saß da, von seinem Arm umschlungen, und unternahm keinen weiteren Versuch zu entkommen, sondern war sich schüchtern bewusst, dass seine Hand auf ihrer Seite nahe unterhalb ihrer Brust ruhte.

«Ich brauche Ihnen nicht die herkömmlichen Gründe zu erzählen, warum man Hosen trägt», sagte er. Wissen Sie, es gibt Leute, die sich über alle Gewohnheiten lustig machen; und manche Gewohnheiten verdienen das auch. Doch nicht der Brauch, Hosen zu tragen. Wirklich nicht! Also können wir die Notwendigkeit des Kleidungsstücks anerkennen und zur Betrachtung des Stoffes übergehen. Nun, zum einen sitze ich gern auf Felsen, und für so eine Liebhaberei ist dies der beste Stoff auf der Welt. Er ist sehr haltbar, dabei weich und angenehm. Ich kann für eine halbe Stunde ins Meer gleiten, ohne ihn zu beschädigen, und wenn ich herauskomme, um mich wieder auf dem Felsen zu sonnen, fühlt er sich nicht kalt und klamm an. Auch bleicht er in der Sonne nicht aus und geht nicht ein, wenn er nass ist. Oh, es gibt viele Gründe dafür, dass man seine Hosen aus Material wie diesem machen lässt.»

«Und es gibt einen Grund», sagte sie, «den Sie mir nicht genannt haben.»

«Sind Sie sich dessen ganz sicher?»

Sie war jetzt ruhiger, und ihr Atem war unter Kontrolle. Aber ihr Gesicht war noch immer blass und ihre Lippen waren leicht nervös, als sie ihn fragte: «Werden Sie mich jetzt umbringen?»

«Sie umbringen? Um Himmels willen, nein! Warum sollte ich?»

«Aus Angst, ich könnte anderen davon erzählen.»

«Und was genau würden sie ihnen erzählen?»

«Das wissen Sie doch.»

«Sie ziehen allzu voreilig Schlüsse: das ist das Schlimme an Ihnen. Nun, um Ihretwillen ist das schade, und für

a nuisance for me. I don't think I can let you take that lobster home for your supper after all. I don't, in fact, think you will go home for your supper."

Her eyes grew dark again with fear, her mouth opened, but before she could speak he pulled her to him and closed it, not asking leave, with a roughly occludent kiss.

"That was to prevent you from screaming. I hate to hear people scream," he told her, smiling as he spoke. "But this" – he kissed her again, now gently and in a more protracted embrace – "that was because I wanted to."

"You mustn't!" she cried.

"But I have," he said.

"I don't understand myself! I can't understand what has happened!"

"Very little yet," he murmured.

"Something terrible has happened!"

"A kiss? Am I so repulsive?"

"I don't mean that. I mean something inside me. I'm not – at least I think I'm not – I'm not frightened now!"

"You have no reason to be."

"I have every reason in the world. But I'm not! I'm not frightened – but I want to cry."

"Then cry," he said soothingly, and made her pillow her cheek against his breast. "But you can't cry comfortably with that ridiculous contraption on your nose."

He took from her the horn-rimmed spectacles she wore, and threw them into the sea.

"Oh!" she exclaimed. "My glasses! – Oh, why did you do that? Now I can't see. I can't see at all without my glasses!"

mich ist es ein Ärgernis. Nach alledem glaube ich nicht, dass ich Ihnen den Hummer als Abendessen mit nach Hause geben kann. Ich glaube in der Tat nicht, dass Sie zum Abendessen nach Hause gehen werden.»

Ihre Augen verdunkelten sich wieder vor Angst, ihr Mund ging auf, doch ehe sie sprechen konnte, zog er sie an sich und verschloss ihn, ohne um Erlaubnis zu fragen, mit einem ungestümen Kuss.

«Damit wollte ich Sie vom Schreien abhalten. Ich kann es nicht ausstehen, Leute schreien zu hören», sagte er zu ihr und lächelte dabei. «Aber dies» – er küsste sie wieder, diesmal sanft und in einer in die Länge gezogenen Umarmung – geschah, weil ich es wollte.»

«Das dürfen Sie nicht!» rief sie.

«Ich hab's aber getan», sagte er.

«Ich begreife mich selbst nicht. Ich kann nicht begreifen, was geschehen ist.»

«Noch sehr wenig», murmelte er.

«Es ist etwas Fürchterliches geschehen!»

«Ein Kuss? Bin ich so abstoßend?»

«Das meine ich nicht. Ich meine etwas in meinem Inneren. Ich bin jetzt nicht – zumindest glaube ich das – ich bin jetzt nicht entsetzt.»

«Sie haben auch keinen Grund dazu.»

«Ich habe jeden erdenklichen Grund. Doch ich bin nicht entsetzt. Ich bin nicht entsetzt, möchte aber heulen.»

«Dann heulen Sie!» sagte er beschwichtigend und ließ ihre Wange an seiner Brust ruhen. «Doch mit diesem lächerlichen Gestell auf Ihrer Nase künnen Sie nicht bequem heulen.»

Er nahm ihr die Hornbrille ab, die sie aufhatte, und warf sie ins Meer.

«Oh!» rief sie. «Meine Brille! – Oh, warum haben Sie das getan? Jetzt kann ich nicht sehen. Ohne meine Brille kann ich überhaupt nicht sehen.»

"It's all right," he assured her. "You really won't need them. The refraction," he added vaguely, "will be quite different."

As if this small but unexpected act of violence had brought to the boiling-point her desire for tears, they bubbled over, and because she threw her arms about him in a sort of fond despair, and snuggled close, sobbing vigorously still, he felt the warm drops trickle down his skin, and from his skin she drew into her eyes the saltness of the sea, which made her weep the more. He stroked her hair with a strong but soothing hand, and when she grew calm and lay still in his arms, her emotion spent, he sang quietly to a little enchanting tune a song that began:

I am a Man upon the land,
I am a Selkie in the sea,
And when I'm far from every strand
My home it is in Sule Skerry.

After the first verse or two she freed herself from his embrace, and sitting up listened gravely to the song. Then she asked him, "Shall I ever understand?"

"It's not a unique occurrence," he told her. "It has happened quite often before, as I suppose you know. In Cornwall and Brittany and among the Western Isles of Scotland; that's where people have always been interested in seals, and understood them a little, and where seals from time to time have taken human shape. The one thing that's unique in our case, in my metamorphosis, is that I am the only seal-man who has ever become a Master of Arts of Edinburgh University. Or, I believe, of any university. I am the

«Das ist schon in Ordnung», versicherte er ihr. «Die brauchen Sie wirklich nicht. Die Lichtbrechung», fügte er dunkel hinzu, «wird eine ganz andere sein.»

Als hätte die kleine, doch unerwartete Gewalthandlung ihr Verlangen nach Tränen zum Überlauf gebracht, sprudelten diese überreichlich, und weil sie in einer Art hingebungsvoller Verzweiflung ihre Arme um ihn schlang und sich eng anschmiegte, wobei sie immer noch kräftig seufzte, spürte er die warmen Tropfen an seiner Haut herabrinnen, und von seiner Haut zog sie die Salzhaltigkeit der See in die Augen, so dass sie umso mehr weinen musste. Er streichelte ihr das Haar mit starker, aber besänftigender Hand, und als sie ruhig wurde, still in seinen Armen lag und ihre Erregung verausgabt war, sang er leise zu einer kleinen betörenden Melodie ein Lied, das so begann:

Ich bin ein MENSCH, bin ich an Land,
Doch ROBBE bin ich in der See.
Und bin ich fern von jedem Strand,
Bin ich zu Haus in Sule Skerry.

Nach dem ersten oder zweiten Vers befreite sie sich aus seiner Umarmung, setzte sich auf und lauschte ernst seinem Gesang. Dann fragte sie ihn: «Werde ich je begreifen?»

«Es ist kein einzigartiges Vorkommnis», sagte er zu ihr. «Es ist früher ziemlich häufig vorgekommen, wie Sie vermutlich wissen. In Cornwall, in der Bretagne und auf den westschottischen Inseln; dort hat man immer für Robben etwas übrig gehabt und sie ein wenig verstanden, und dort haben Robben von Zeit zu Zeit menschliche Gestalt angenommen. Einmalig in unserem Fall, an meiner Verwandlung, ist lediglich, dass ich der einzige Seehund-Mensch bin, der jemals Master of Arts an der Universität Edinburgh geworden ist. Oder, glaube ich, überhaupt an irgendeiner Universität. Ich bin das außergewöhnliche

unique and solitary example of a sophisticated seal-man."

"I must look a perfect fright," she said. "It was silly of me to cry. Are my eyes very red?"

"The lids are a little pink – not unattractively so – but your eyes are as dark and lovely as a mountain pool in October, on a sunny day in October. They're much improved since I threw your spectacles away."

"I needed them, you know. I feel quite stupid without them. But tell me why you came to the University – and how? How could you do it?"

"My dear girl – what is your name, by the way? I've quite forgotten."

"Elizabeth!" she said angrily.

"I'm so glad, it's my favourite human name: But you don't really want to listen to a lecture on psychobiology?"

"I want to know *how*. You must tell me!"

"Well, you remember, don't you, what your book says about the primordial initiatives? But it needs a footnote there to explain that they're not exhausted till quite late in life. The germ-cells, as you know, are always renewing themselves, and they keep their initiatives though they nearly always follow the chosen pattern except in the case of certain illnesses, or under special direction. The direction of the mind, that is. And the glands have got a lot to do in a full metamorphosis, the renal first and then the pituitary, as you would expect. It isn't approved of – making the change, I mean – but every now and then one of us does it, just for a frolic in the general way, but in my case there was a special reason."

und einzigartige Beispiel eines intellektuellen Seehund-Menschen.»

«Ich muss ja völlig verstört aussehen», sagte sie. «Es war albern von mir zu heulen. Sind meine Augen sehr rot?»

«Die Lider sind ein wenig gerötet – das ist nicht ohne Reiz –, doch Ihre Augen sind so dunkel und herrlich wie ein Bergsee im Oktober, an einem sonnigen Oktobertag. Seit ich Ihre Brille wegwarf, haben sie sich gut erholt.»

«Sie wissen, dass ich sie brauche. Ohne sie komme ich mir ganz dämlich vor. Doch erzählen Sie mir, warum Sie an die Universität gekommen sind – und wie? Wie haben Sie es fertiggebracht?»

«Mein liebes Mädchen – wie heißen Sie übrigens? Ich habe es ganz vergessen.»

«Elizabeth!» sagte sie zornig.

«Das freut mich, es ist mein Lieblingsname, wenn es um Menschen geht. – Aber Sie wollen sich doch nicht wirklich eine Vorlesung über Psychobiologie anhören?»

«Ich will wissen *wie*. Sie müssen mir das sagen!»

«Nun; Sie erinnern sich an die im Ansatz vorhandenen Ur-Anregungen, von denen in Ihrem Buch die Rede war, nicht wahr? Doch es bedarf da einer Fußnote, um zu erklären, dass diese erst ganz spät im Leben aufgebraucht sind. Wie Sie wissen, erneuern sich die Samenzellen immer von selbst, und sie bewahren ihre ersten Fähigkeiten, aus eigenem Antrieb zu handeln, obschon sie fast immer dem gewählten Muster folgen, außer im Fall gewisser Krankheiten oder auf besondere Weisung. Das heißt, Weisung des Geistes. Und die Drüsen haben, wie zu erwarten, bei einer völligen Verwandlung eine Menge zu tun, zunächst die Nebennieren und dann die Hypophyse. Es wird nicht gebilligt – die Veränderung vorzunehmen, meine ich –, doch immer mal wieder tut es einer von uns, im allgemeinen nur aus Jux, doch in meinem Fall lag ein besonderer Grund vor.»

"Tell me," she said again.

"It's too long a story."

"I want to know."

"There's been a good deal of unrest, you see, among my people in the last few years: doubt, and dissatisfaction with our leaders, and scepticism about traditional beliefs – all that sort of thing. We've had a lot of discussion under the surface of the sea about the nature of man, for instance. We had always been taught to believe certain things about him, and recent events didn't seem to bear out what our teachers told us. Some of our younger people got dissatisfied, so I volunteered to go ashore and investigate. I'm still considering the report I shall have to make, and that's why I'm living, at present, a double life. I come ashore to think, and go back to the sea to rest."

"And what do you think of us?" she asked.

"You're interesting. Very interesting indeed. There are going to be some curious mutations among you before long. Within three or four thousand years, perhaps."

He stooped and rubbed a little smear of blood from his shin. "I scratched it on a limpet," he said. "The limpets, you know, are the same today as they were four hundred thousand years ago. But human beings aren't nearly so stable."

"Is that your main impression, that humanity's unstable?"

"That's part of it. But from our point of view there's something much more upsetting. Our people, you see, are quite simple creatures, and because we have relatively few beliefs, we're very much attached to them. Our life is a life of sensa-

«Erzählen Sie mir», sagte sie wieder.

«Es ist eine zu lange Geschichte.»

«Die möchte ich hören.»

«In den letzten Jahren herrschte doch bei meinem Volk viel Unruhe: Zweifel, Unzufriedenheit mit unseren Führern, auf Unsicherheit beruhende Haltung gegenüber herkömmlichen Glaubensvorstellungen – all dergleichen. Wir haben unter der Oberfläche des Meeres viel beraten, zum Beispiel über die Natur des Menschen. Man hatte uns stets gelehrt, gewisse Dinge von ihm zu glauben, und Vorfälle in jüngerer Zeit schienen nicht zu bestätigen, was unsere Lehrer uns beibrachten. Einige unserer jüngeren Leute wurden unzufrieden; daher meldete ich mich freiwillig, um an Land zu gehen und nachzuforschen. Ich wäge den Bericht, den ich anfertigen muss, immer noch ab und führe deshalb gegenwärtig ein Doppelleben. Ich komme an Land, um zu denken und gehe ins Meer zurück, um mich auszuruhen.»

«Und was denken Sie von uns?» fragte sie.

«Sie sind bemerkenswert. Wirklich sehr bemerkenswert. Bei Ihnen werden in Kürze einige merkwürdige Mutationen auftreten. Innerhalb von drei- oder viertausend Jahren vielleicht.»

Er bückte sich und rieb sich einen kleinen Blutfleck vom Schienbein. «Ich habe mich an einer Napfschnecke geritzt», sagte er. «Die Napfschnecken sind heute ja die gleichen wie vor vierhunderttausend Jahren. Aber die Menschen sind bei weitem nicht so beständig.»

«Ist das Ihr hauptsächlicher Eindruck, dass die Menschheit nicht von Dauer ist?»

«Zum Teil auch. Aber von unserem Standpunkt aus gibt es etwas viel Beunruhigenderes. Unsere Leute sind doch ganz einfache Geschöpfe, und weil wir verhältnismäßig wenige Überzeugungen haben, hängen wir sehr an ihnen. Unser Leben ist ein Leben der sinnlichen Wahrnehmung –

tion – not entirely, but largely – and we ought to be extremely happy. We were, so long as we were satisfied with sensation and a short undisputed creed. We have some advantages over human beings, you know. Human beings have to carry their own weight about, and they don't know how blissful it is to be unconscious of weight: to be wave-borne, to float on the idle sea, to leap without effort in a curving wave, and look up at the dazzle of the sky through a smother of white water, or dive so easily to the calmness far below and take a haddock from the weed-beds in a sudden rush of appetite: Talking of haddocks," he said, "it's getting late. It's nearly time for fish. And I must give you some instruction before we go. The preliminary phase takes a little while, about five minutes for you, I should think, and then you'll be another creature."

She gasped, as though already she felt the water's chill, and whispered, "Not yet! Not yet, please."

He took her in his arms, and expertly, with a strong caressing hand, stroked her hair, stroked the roundness of her head and the back of her neck and her shoulders, feeling her muscles moving to his touch, and down the hollow of her back to her waist and hips. The head again, neck, shoulders, and spine. Again and again. Strongly and firmly his hand gave her calmness, and presently she whispered, "You're sending me to sleep."

"My God!" he exclaimed, "you mustn't do that! Stand up, stand up, Elizabeth!"

"Yes," she said, obeying him. "Yes, Roger. Why did you call yourself Roger? Roger Fairfield?"

nicht nur, aber weitgehend – und wir sollten eigentlich überglücklich sein. Wir waren es auch, so lange wir mit der Sinneswahrnehmung und einem schlichten unbestrittenen Glauben zufrieden waren. Wir haben ja menschlichen Wesen gegenüber ein paar Vorteile. Die Menschen müssen ihr eigenes Gewicht herumtragen, und sie wissen nicht, welche Wonne es bereitet, sein eigenes Gewicht nicht zu spüren: schaumgeboren zu sein, auf der trägen See sich treiben zu lassen, mühelos in eine sich wölbende Woge zu springen und durch einen Sprühnebel aus Gischt zur Lichtflut des Himmels emporzublicken, oder ganz mühelos tief in die Stille hinabzutauchen und in einer plötzlichen Anwandlung von Appetit einen Schellfisch aus den Tangfeldern zu holen. – Weil ich gerade von Schellfischen spreche», sagte er, «es wird spät. Es ist fast Zeit zum Fischen. Und ehe wir aufbrechen, muss ich Sie ein wenig belehren. Die vorbereitende Entwicklungsstufe dauert eine kleine Weile, für Sie ungefähr fünf Minuten, möchte ich meinen, und dann werden Sie ein anderes Geschöpf sein.»

«Sie rang nach Luft, als spürte sie schon jetzt die Kälte des Wassers, und flüsterte: «Noch nicht! Noch nicht, bitte!»

Er nahm sie in die Arme und streichelte ihr erfahren mit starker, liebkosender Hand das Haar, streichelte die Rundung ihres Kopfes, den Nacken und die Schultern, fühlte, wie ihre Muskeln auf seine Berührung hin sich bewegten, hinunter bis zum Hohlkreuz, der Taille und den Hüften. Und wieder Kopf, Hals, Schultern und Rückgrat. Immer und immer wieder. Stark und fest ging durch seine Hand die Ruhe auf sie über, und auf einmal flüsterte das Mädchen: «Sie bringen mich zum Einschlafen.»

«Mein Gott!» rief er, «das dürfen Sie nicht! Stehen Sie auf, Elizabeth, stehen Sie auf!»

«Ja», sagte sie und gehorchte ihm. «Ja, Roger. Warum haben Sie sich Roger genannt? Roger Fairfield?»

"I found the name in a drowned sailor's pay-book. What does that matter now? Look at me, Elizabeth!"

She looked at him, and smiled.

His voice changed, and he said happily, "You'll be the prettiest seal between Shetland and the Scillies. Now listen. Listen carefully."

He held her lightly and whispered in her ear. Then kissed her on the lips and cheek, and bending her head back, on the throat. He looked, and saw the colour come deeply into her face.

"Good," he said. "That's the first stage. The adrenalin's flowing nicely now. You know about the pituitary, don't you? That makes it easy then. There are two parts in the pituitary gland, the anterior and posterior lobes, and both must act together. It's not difficult, and I'll tell you how."

Then he whispered again, most urgently, and watched her closely. In a little while he said, "And now you can take it easy. Let's sit down and wait till you're ready. The actual change won't come till we go down."

"But it's working," she said, quietly and happily. "I can feel it working."

"Of course it is."

She laughed triumphantly, and took his hand:

"We've got nearly five minutes to wait," he said.

"What will it be like? What shall I feel, Roger?"

"The water moving against your side, the sea caressing you and holding you."

"Shall I be sorry for what I've left behind?"

"No, I don't think so."

"You didn't like us, then? Tell me what you discovered in the world."

«Ich fand den Namen im Soldbuch eines ertrunkenen Seemanns. Was spielt das jetzt für eine Rolle? Schauen Sie mich an, Elizabeth!»

Sie schaute ihn an und lächelte.

Seine Stimme veränderte sich, und er sagte glücklich: «Sie werden die hübscheste Robbe zwischen Shetland und den Scillies sein. Hören Sie zu! Hören Sie genau zu!»

Er stützte sie leicht und flüsterte ihr etwas ins Ohr. Dann küsste er sie auf Lippen und Wange und, den Kopf zurückbeugend, auf die Kehle. Er guckte und sah, dass ihr die Röte kräftig ins Gesicht stieg.

«Gut», sagte er. «Das ist die erste Stufe. Das Adrenalin fließt jetzt befriedigend. Sie wissen ja über die Hypophyse Bescheid. Das macht es dann leicht. Die Hypophyse besteht aus zwei Teilen, dem vorderen und dem hinteren Lappen, und beide müssen zusammenwirken. Es ist nicht schwierig, und ich werde Ihnen sagen wie.»

Dann flüsterte er wieder, überaus nachdrücklich, und beobachtete sie genau. Nach einer kleinen Weile sagte er: «Nun können Sie unbekümmert sein. Setzen wir uns und warten wir, bis Sie fertig sind. Die tatsächliche Veränderung erfolgt erst, wenn wir uns hinunter begeben.»

«Sie erfolgt schon», sagte sie, ruhig und glücklich. «Ich kann spüren, wie sie erfolgt.»

«Natürlich.»

Sie lachte, tat laut ihre Freude kund und fasste seine Hand.

«Wir müssen fast fünf Minuten warten», sagte er.

«Wie wird das sein? Was werde ich fühlen, Roger?»

«Wie das Wasser neben Ihnen sich bewegt, wie die See Sie streichelt und festhält.»

«Werde ich dem, was ich zurücklasse, nachtrauern?»

«Nein, das glaube ich nicht.»

«Sie haben uns also nicht gemocht? Sagen Sie mir, was Sie auf der Welt entdeckt haben!»

"Quite simply," he said, "that we had been deceived."

"But I don't know what your belief had been."

"Haven't I told you? – Well, we in our innocence respected you because you could work, and were willing to work. That seemed to us truly heroic. We don't work at all, you see, and you'll be much happier when you come to us. We who live in the sea don't struggle to keep our heads above water."

"All my friends worked hard," she said. "I never knew anyone who was idle. We had to work, and most of us worked for a good purpose; or so we thought. But you didn't think so?"

"Our teachers had told us," he said, "that men endured the burden of human toil to create a surplus of wealth that would give them leisure from the daily task of bread-winning. And in their hard-won leisure, our teachers said, men cultivated wisdom and charity and the fine arts; and became aware of God: But that's not a true description of the world, is it?"

"No," she said, "that's not the truth."

"No," he repeated, "our teachers were wrong, and we've been deceived."

"Men are always being deceived, but they get accustomed to learning the facts too late. They grow accustomed to deceit itself."

"You are braver than we, perhaps. My people will not like to be told the truth."

"I shall be with you," she said, and took his hand. But still he stared gloomily at the moving sea.

The minutes passed, and presently she stood

«Ganz einfach», sagte er, «dass wir betrogen worden sind.»

«Ich weiß ja nicht, was Sie geglaubt haben.»

«Habe ich Ihnen das nicht erzählt? – Nun, in unserer Arglosigkeit achteten wir euch, weil ihr arbeiten konntet und wolltet. Das kam uns heldenhaft vor. Wir arbeiten ja überhaupt nicht – Sie werden viel glücklicher sein, wenn Sie zu uns kommen. Wir, die wir im Meer leben, mühen uns nicht ab, um den Kopf über Wasser zu halten.»

«Alle meine Freunde haben hart gearbeitet», sagte sie. «Ich kannte nie jemanden, der untätig war. Wir mussten arbeiten, und die meisten von uns arbeiteten für einen guten Zweck; wenigstens dachten wir das. Doch Sie waren nicht dieser Ansicht?»

«Unsere Lehrer hatten uns erzählt», sagte er, «dass die Menschen die Last der Plackerei auf sich nehmen, um einen Überschuss an Wohlstand zu schaffen, der sie von der täglichen Arbeit des Broterwerbs freistellen würde. Und in ihrer mühevoll gewonnenen Freizeit, sagten unsere Lehrer, befleißigten sich die Menschen der Gelehrsamkeit, der Nächstenliebe, der schönen Künste, und sie entdeckten Gott. – Doch das ist keine echte Beschreibung der Welt, nicht wahr?»

«Nein», sagte sie, «das ist nicht die Wahrheit.»

«Nein», wiederholte er, «unsere Lehrer hatten nicht recht, und wir sind getäuscht worden.»

«Die Menschen werden immer getäuscht, doch sie gewöhnen sich daran, die Tatsachen zu spät zu erfahren. Sie gewöhnen sich langsam an die Täuschung selbst.»

«Ihr seid, vielleicht, tapferer als wir. Mein Volk wird nicht gern hören, wenn man ihm die Wahrheit sagt.»

«Ich werde bei Ihnen sein», sagte sie und ergriff seine Hand. Aber noch immer starrte er düster auf die bewegte See.

Die Minuten vergingen. Auf einmal stand sie auf und

up and with quick fingers put off her clothes. "It's time," she said.

He looked at her, and his gloom vanished like the shadow of a cloud that the wind has hurried on, and exultation followed like sunlight spilling from the burning edge of a cloud. "I wanted to punish them," he cried, "for robbing me of my faith, and now, by God, I'm punishing them hard. I'm robbing their treasury now, the inner vault of all their treasury! – I hadn't guessed you were so beautiful! The waves when you swim will catch a burnish from you, the sand will shine like silver when you lie down to sleep, and if you can teach the red seaware to blush so well, I shan't miss the roses of your world."

"Hurry," she said.

He, laughing softly, loosened the leather thong that tied his trousers, stepped out of them, and lifted her in his arms. "Are you ready?" he asked.

She put her arms round his neck and softly kissed his cheek. Then with a great shout he leapt from the rock, from the little veranda, into the green silk calm of the water far below...

I heard the splash of their descent – I am quite sure I heard the splash – as I came round the corner of the cliff, by the ledge that leads to the little rock veranda, our gazebo, as we called it, but the first thing I noticed, that really attracted my attention, was an enormous blue-black lobster, its huge claws tied with string, that was moving in a rather ludicrous fashion towards the edge. I think it fell over just before I left, but I wouldn't swear to that. Then

entledigte sich mit flinken Fingern ihrer Kleider. «Es ist Zeit», sagte sie.

Er sah sie an, und seine düstere Miene verschwand wie der Schatten einer Wolke, die der Wind weitergetrieben hat, und Jubel folgte wie Sonnenschein, der sich aus dem glühenden Rand einer Wolke ergießt. «Ich wollte sie bestrafen», rief er, «weil sie mir meinen Glauben geraubt haben, und jetzt, bei Gott, bestrafe ich sie hart. Ich raube nun ihre Schatzkammer aus, das innerste Gewölbe ihrer Schatzkammer! – Ich hatte nicht geahnt, dass Sie so schön sind. Die Wellen werden, wenn Sie schwimmen, von Ihnen Glanz erhaschen, der Sand wird wie Silber leuchten, wenn sie sich zum Schlafen hinlegen, und wenn Sie dem roten Seetang beibringen können, ebenso zu erröten, werde ich die Rosen Ihrer Welt nicht vermissen.»

«Beeilen Sie sich!» sagte sie.

Er lachte leise und lockerte den Lederriemen, der seine Hosen zusammenhielt, stieg aus ihnen und hob die junge Frau empor in seine Arme. «Sind Sie bereit?» fragte er.

Sie legte ihre Arme um seinen Hals und küsste sanft seine Wange. Dann sprang er mit einem mächtigen Schrei vom Felsen, von der kleinen Veranda aus, hinein in die grüne seidige Ruhe des Wassers weit unten...

Ich hörte das Klatschen, als sie aufschlugen – ich bin mir ganz sicher, dass ich es hörte –, gerade wie ich um die Ecke der Klippe kam, über das Gesims, das zu der kleinen Felsenveranda führt, unseren Aussichtspunkt, wie wir sie nannten, doch das erste, was ich bemerkte und was wirklich meine Aufmerksamkeit erregte, war ein riesiger, blau-schwarzer Hummer, die riesigen Scheren mit Bindfaden zusammengebunden, und dieser Hummer bewegte sich in ziemlich lächerlicher Weise auf den Rand zu. Ich glaube, er fiel über den Rand just ehe ich wegging,

I saw her book, the *Studies in Biology*, and her clothes.

Her white linen frock with the brown collar and the brown belt, some other garments, and her shoes were all there. And, beside them, lying across her shoes, was a pair of sealskin trousers.

I realized immediately, or almost immediately, what had happened. Or so it seems to me now. And if, as I firmly believe, my apprehension was instantaneous, the faculty of intuition is clearly more important than I had previously supposed. I have, of course, as I said before, given the matter a great deal of thought during my recent illness, but the impression remains that I understood what had happened in a flash, to use a common but illuminating phrase. And no one, need I say? has been able to refute my intuition. No one, that is, has found an alternative explanation for the presence, beside Elizabeth's linen frock, of a pair of sealskin trousers.

I remember also my physical distress at the discovery: My breath, for several minutes I think, came into and went out of my lungs like the hot wind of a dust-storm in the desert. It parched my mouth and grated in my throat. It was, I recall, quite a torment to breathe. But I had to, of course.

Nor did I lose control of myself in spite of the agony, both mental and physical, that I was suffering. I didn't lose control till they began to mock me. Yes, they did, I assure you of that. I heard his voice quite clearly, and honesty compels me to admit that it was singularly sweet and the tune was the most haunting I have ever heard. They were about forty yards away, two seals swimming together, and the evening light was so clear and taut

doch das würde ich nicht beeiden. Dann sah ich ihr Buch, die «Biologischen Studien» und ihre Kleider.

Ihr weißes Leinenkleid mit dem braunen Kragen und dem braunen Gürtel, ein paar weitere Kleidungsstücke und ihre Schuhe – alles war da. Und daneben, über ihren Schuhen liegend, befand sich eine Hose aus Seehundfell.

Ich erfasste sofort, oder beinahe sofort, was geschehen war. Oder es kommt mir jetzt so vor. Wenn, wie ich fest glaube, mein Begreifen im Nu geschah, ist die Fähigkeit unmittelbaren Erkennens offenkundig wichtiger, als ich früher angenommen hatte. Natürlich habe ich, wie schon gesagt, über die Sache während meiner letzten Krankheit viel nachgedacht, doch der Eindruck bleibt, dass ich das Geschehene blitzartig begriff, um eine alltägliche, aber treffende Wendung zu gebrauchen. Und niemand – muss ich das eigens erwähnen? – hat meine unmittelbare Einsicht widerlegen können. Niemand hat nämlich eine andere Erklärung für das Vorhandensein einer Hose aus Seehundfell neben Elizabeths Leinenrock gefunden.

Ich erinnere mich auch an meine körperliche Qual angesichts dieser Entdeckung. Mein Atem drang mehrere Minuten lang, glaube ich, in meine Lunge wie der heiße Wind eines Sandsturms in der Wüste und entwich wie ein solcher. Er dörrte meinen Mund aus und kratzte in der Kehle. Das Atmen war, entsinne ich mich, eine ziemliche Qual. Doch es musste natürlich sein. Auch verlor ich, trotz der geistigen und körperliehen Marter, die ich durchlitt, nicht meine Selbstbeherschung. Ich verlor die Beherrschung erst, als sie begannen, mich zu verhöhnen. Ja, sie verhöhnten mich, ich versichere es Ihnen. Ich hörte seine Stimme ganz deutlich, und die Ehrlichkeit zwingt mich zuzugeben, dass sie überwältigend süß war, und dass die Melodie die unheimlichste war, die ich je gehört habe. Sie waren etwa vierzig Meter entfernt, zwei Robben, die nebeneinander schwammen, und die abendliche Helle war so

that his voice might have been the vibration of an invisible bow across its coloured bands. He was singing the song that Elizabeth and I had discovered in an album of Scottish music in the little fishing-hotel where we had been living:

I am a Man upon the land,
I am a Selkie in the sea,
And when I'm far from any strand
I am at home on Sule Skerry!

But his purpose, you see, was mockery. They were happy, together in the vast simplicity of the ocean, and I, abandoned to the terror of life alone, life among human beings, was lost and full of panic. It was then I began to scream. I could hear myself screaming, it was quite horrible. But I couldn't stop. I had to go on screaming...

klar und stark, dass seine Stimme das Gleiten eines unsichtbaren Bogens über die farbigen Streifen des Himmels hätte sein können. Er sang das Lied, das Elizabeth und ich in einem Album schottischer Musik in dem kleinen Fischergasthof entdeckt hatten, der unser Quartier gewesen war:

Ein MENSCH bin ich, wenn ich an Land,
Doch ROBBE bin ich in der See.
Und wenn ich fern von jedem Strand,
Bin ich zu Haus in Sule Skerry.

Doch seine Absicht war ja Spott. Die beiden waren glücklich, zusammen in der weiten Klarheit des Ozeans, und ich, dem Schrecknis des Lebens ausgeliefert und allein, dem Leben unter Menschen, war verloren und fassungslos. Da begann ich ein Geschrei zu erheben. Ich konnte mich selber schreien hören, es war entsetzlich. Doch ich konnte nicht aufhören. Ich musste einfach weiterschreien...

Christopher Isherwood
I Am Waiting

The incidents which I am about to describe are true, but I can offer you no proof at least not for the next five years. By that time you will probably have forgotten that you ever read this story. So please believe it or disbelieve it, just as you wish.

Today, October 17, 1939, is my birthday. At the age of sixty-seven I am what you, or anybody else, would call a failure. I have no career, no outstanding achievements behind me. I have never married and I cannot truthfully say that I have ever been loved, though half a dozen people are, perhaps, mildly fond of me. I live in a pleasant house on the outskirts of a town not far from Hartford, Connecticut. The house belongs to my younger brother, a successful and energetic lawyer. Mabel, my brother's wife, is very kind to me on the whole – as long as I am careful to be tidy and not necessarily visible. There are three sons, all grown up and married; they frequently visit us with their wives. All these people are well disposed toward me, I think. Why shouldn't they be? I am no sponger; I pay for my board and lodging from a small inherited income. I do try not to be a nuisance, though I know I am sometimes rather a bore. With reference to the story which follows, I need only add that I have never at any time had reason to believe that I possessed psychic powers. I have never been particularly interested in spiritualism, astrology, or the occult. And I know no more of the works of Profes-

Christopher Isherwood
Ich warte ab

Die Vorfälle, die ich jetzt beschreiben werde, sind wahr, doch kann ich Ihnen keinen Beweis liefern – wenigstens nicht während der nächsten fünf Jahre. Bis dahin werden Sie wahrscheinlich vergessen haben, dass Sie diese Geschichte je gelesen haben. Glauben Sie also daran oder nicht, ganz wie Sie wollen.

Heute, am 17. Oktober 1939, habe ich Geburtstag. Im Alter von siebenundsechzig bin ich das, was Sie oder jeder andere einen Versager nennen würden. Ich habe keine berufliche Laufbahn, keine herausragenden Leistungen hinter mir. Ich habe nicht geheiratet und ich kann, will ich bei der Wahrheit bleiben, nicht sagen, ich sei je geliebt worden, wenn auch ein halbes Dutzend Leute mich, vielleicht, ein bisschen mögen. Ich wohne in einem freundlichen Haus am Rand einer Stadt, nicht weit von Hartford, Connecticut, entfernt. Das Haus gehört meinem jüngeren Bruder, einem erfolgreichen und zielbewussten Rechtsanwalt. Mabel, die Frau meines Bruders, ist im Großen und Ganzen nett zu mir – solange ich darauf achte, reinlich zu sein und mich nicht unnötig sehen zu lassen. Es sind drei Söhne da, alle erwachsen und verheiratet; sie besuchen uns oft mit ihren Frauen. Alle diese Leute sind mir, glaube ich, gewogen. Warum sollten sie auch nicht? Ich bin kein Schmarotzer; ich zahle für meine Kost und Wohnung aus einem kleinen ererbten Einkommen. Ich versuche wirklich, nicht zur Last zu fallen, wenn ich auch weiß, dass ich mitunter ein ziemlich langweiliger Mensch bin. Was die folgende Geschichte betrifft, brauche ich nur anzumerken, dass ich niemals Grund zu der Annahme hatte, ich besäße spiritistische Kräfte. Geisterglaube, Sterndeuterei oder das Übersinnliche haben mich nie besonders gereizt. Von den Werken des

sor Einstein than does the ordinary semieducated man in the street.

On the evening of Friday, January 6th, of this year – I can be exact, for this was the day after the anniversary of my brother's marriage – I was sitting in the drawing room of our house, alone. The others had all driven into town to go to a movie, so I could enjoy the luxury of drawing my armchair into the very middle of the hearthrug, facing and monopolizing the fire. The time was about twenty minutes to nine. I remember this because I kept glancing at the clock on the mantelpiece in order to be ready to turn on the radio and listen to the news bulletin.

This clock is a wedding present given to my brother by the members of his firm. It is made of china and vaguely supposed to be valuable. A boy and a girl in peasant costume are supporting the clock itself, contained in a basket of purple and green fruits. It would probably have joined several of the other wedding presents in the trunk room years ago, but my sister-in-law likes it and so it remains.

I may have dozed off, as I so often do. At any rate, I had closed my eyes. When I reopened them it was with a violent start, as though somebody had called my name. Perhaps the others had returned unexpectedly early. Some such thought passed through my mind, but I didn't turn my head. I don't know why. All my drowsy attention was focussed upon the clock. And what I immediately noticed was that the left hand was missing from the china figure of the peasant boy.

It is very difficult for me to describe my precise sensations at that moment. In order to do so I have

Professors Einstein weiß ich nicht mehr als jeder halbwegs gebildete Durchschnittsmensch auf der Straße.

Am Freitagabend, dem 6. Januar diesen Jahres – ich weiß es genau, denn dies war der Tag, der auf den Jahrestag der Hochzeit meines Bruders folgte –, saß ich gerade im Salon unseres Hauses, allein. Die anderen waren alle in die Stadt gefahren, um ins Kino zu gehen, daher konnte ich dem Luxus frönen, meinen Sessel ganz in die Mitte des Kaminvorlegers zu ziehen, mit dem Gesicht zum Feuer zu sitzen und das Feuer für mich allein in Anspruch zu nehmen. Es war etwa zwanzig vor neun. Ich erinnere mich daran, weil ich ständig auf die Uhr am Kaminsims blickte, um bereit zu sein, das Radio einzuschalten und die Nachrichten zu hören.

Diese Uhr ist ein Hochzeitsgeschenk, das mein Bruder von den Angehörigen seiner Firma erhalten hatte. Sie ist aus Porzellan und gilt irgendwie als wertvoll. Ein Junge und ein Mädchen in Bauerntracht stützen die Uhr selbst, die sich in einem Korb aus purpurfarbenen und grünen Früchten befindet. Wahrscheinlich wäre sie, zusammen mit mehreren der anderen Hochzeitsgeschenke, vor Jahren in den Abstellraum gewandert, doch meine Schwägerin mag sie, und daher bleibt sie an ihrem Platz.

Ich habe vielleicht, wie so oft, vor mich hingedöst. Jedenfalls hatte ich die Augen geschlossen. Ich fuhr mit einem Ruck auf, als hätte jemand meinen Namen genannt und öffnete sie wieder. Kann sein, dass die anderen unerwartet früh zurückgekehrt waren. Irgend so ein Gedanke schoss mir durch den Kopf, doch ich wandte mich nicht um. Ich weiß nicht warum. Meine gesamte schläfrige Aufmerksamkeit war auf die Uhr gerichtet. Und sofort fiel mir auf, dass die linke Hand an der Porzellanfigur des Bauernjungen fehlte.

Es ist für mich sehr schwer, genau die Gefühle zu beschreiben, die mich in jenem Augenblick beherrschten.

to think back to a time when discovery had no particular significance. I saw only that the hand had been broken off, wondered how long it had been broken, and was surprised that I had never noticed it before. Mabel would be cross, I thought, and this led me to fear that I might somehow have done the damage myself while I was asleep. I rubbed my eyes and sat up suddenly in my chair. I blinked several times. How absurd! I must have been dreaming. For now, as I examined the clock, fully awake, I saw that I had made a mistake. The clock wasn't damaged, after all; the china hand was still intact.

One morning about a week later, when I was walking in the garden, Mabel came out of the house with an expression of extreme annoyance on her face. "Wilfred," she said, "I'm afraid I shall have to fire Annie after all." Annie was our new maid, and she wasn't being a success.

"Why?" I asked. "What's she done now?"

"Can you imagine!" Mabel exclaimed. "She's managed to break the drawing-room clock. She was dusting it, she says. She must have used a sledge hammer."

But already I was pushing past her toward the French windows, which open into the drawing room. Entering the room, I saw what in my excitement I had dimly expected to see: the china boy's left hand was broken off at the wrist.

Half an hour after Mabel had shown me the damaged clock, I had forgotten all about my dream. That evening I sat alone in front of the fire and regarded the mutilated boy without a flicker of recollection. Next day the hand was mended, almost without a trace; there was no-

Um das zu tun, muss ich an eine Zeit zurückdenken, in der die Entdeckung keine besondere Bedeutung hatte. Ich sah nur, dass die Hand abgebrochen war, fragte mich, wie lange sie schon ab war, und war überrascht, dass ich es früher nie bemerkt hatte. Mabel würde verärgert sein, dachte ich, und dies ließ mich befürchten, ich könnte den Schaden im Schlaf vielleicht irgendwie selber verursacht haben. Ich rieb mir die Augen und richtete mich plötzlich in meinem Sessel auf. Mehrmals blinzelte ich. Wie widersinnig! Ich musste geträumt haben. Denn als ich jetzt, vollwach, die Uhr gründlich ansah, merkte ich, dass ich mich getäuscht hatte. Sie war überhaupt nicht beschädigt; die Porzellanhand war noch immer unversehrt.

Ungefähr eine Woche später, als ich eines Morgens im Garten spazierenging, kam Mabel aus dem Haus mit sehr missmutigem Gesicht. «Wilfred», sagte sie, «leider werde ich Annie doch entlassen müssen.» Annie war unser neues Dienstmädchen, und sie war kein Glücksfall.

«Warum?» fragte ich. «Was hat sie denn jetzt angestellt?

«Kannst du dir das vorstellen!» rief Mabel. «Es ist ihr gelungen, die Salonuhr zu zerbrechen. Sie habe sie abgestaubt, sagt sie. Sie muss einen Vorschlaghammer verwendet haben.»

Doch schon schob ich mich an ihr vorbei auf die Verandatüren zu, die in den Salon führen. Als ich den Raum betrat, sah ich, was ich in meiner Erregung schon verschwommen zu sehen erwartet hatte: die linke Hand des Porzellanjungen war am Gelenk abgebrochen.

Eine halbe Stunde nachdem mir Mabel die beschädigte Uhr gezeigt hatte, hatte ich alles von meinem Traum vergessen. An jenem Abend saß ich allein vor dem Feuer und betrachtete den verstümmelten Jungen ohne ein Aufleuchten von Erinnerung. Am nächsten Tag war die Hand ausgebessert, nahezu spurlos; nichts war zurückgeblieben,

thing left to remind anybody of the accident. And yet, when the time came to remember, I remembered everything, down to the smallest details.

The second occurrence took place at 11:25 A.M. on Monday, February 20th. I was in my bedroom, standing near a bookcase which occupies the corner behind my bed. Mabel, as far as I know, was in the kitchen with the cook. The maid was cleaning the bathroom. My brother was at his office. None of my nephews were staying at the house.

It was a gray morning. Although, from where I stood, I could not see out of the window, I knew by the pattering noise on the glass that it had begun to rain. I had just decided to look up some passages in "The Ring and the Book." I am very fond of reading Browning.

As I reached out my hand for the volume, I experienced an extraordinary sensation, which swept over me, leaving my body tingling and trembling and the sweat breaking out on my forehead. I stood there as if frozen, with my hand outstretched. What followed cannot have taken more than a minute. Perhaps it occupied only a few seconds.

At first I was aware only of a change of mood, very difficult to describe. I felt lighter, happier, as though some oppression had been lifted from my mind. Lighter; yes, that was the exact word, for my room was actually full of light, of bright sunshine. The sun was casting shadows on the wall above the bookcase. I could feel its warmth on my hands and the back of my neck.

As I stood, I began not only to feel and see but to hear also. Sounds were coming up through the window from the garden below. I heard laughter, voices, and the noise of a tennis ball being hit back

was einem den unglücklichen Vorfall ins Gedächtnis rufen konnte. Und doch weiß ich, als die Zeit zum Erinnern da war, alles, bis hinab zu den kleinsten Einzelheiten.

Die zweite Begebenheit trug sich am Montag, dem 20. Februar, um 11 Uhr 25 zu. Ich war in meinem Schlafzimmer, wo ich ganz nah bei einem Bücherregal in der Ecke hinter meinem Bett stand. Mabel war, soviel ich weiß, mit der Köchin in der Küche. Das Dienstmädchen machte gerade das Bad sauber. Mein Bruder war in seinem Büro. Keiner meiner Neffen war zu Hause.

Es war ein grauer Morgen. Obschon ich von da aus, wo ich stand, nicht aus dem Fenster sehen konnte, merkte ich an dem prasselnden Geräusch gegen das Glas, dass es zu regnen begonnen hatte. Ich hatte mich gerade entschlossen, einige Stellen in «Der Ring und das Buch» nachzuschlagen. Browning lese ich sehr gern.

Als ich meine Hand nach dem Band ausstreckte, durchfuhr mich eine ungewöhnliche Empfindung, die meinen Körper brennen und beben, und mir den Schweiß auf der Stirn ausbrechen ließ. Ich stand mit meiner ausgestreckten Hand da wie festgefroren. Was folgte, kann nicht länger als eine Minute gedauert haben. Vielleicht spielte es sich in nur wenigen Sekunden ab.

Zuerst war ich mir bloß eines Stimmungsumschwungs bewusst, der sehr schwer zu beschreiben ist. Ich fühlte mich leichter, glücklicher, als wäre mir ein Druck von der Seele genommen worden. Leichter; ja, das war das treffende Wort, denn mein Zimmer war in der Tat voll hellem, strahlendem Sonnenschein. Die Sonne warf Schatten an die Wand über dem Bücherregal. Ich konnte ihre Wärme auf meinen Händen und meinem Nacken spüren.

Während ich so dastand, begann ich nicht nur zu fühlen und zu sehen, sondern auch zu hören. Durch das Fenster drangen jetzt Laute von unten aus dem Garten herauf. Ich hörte Gelächter, Stimmen und das Geräusch eines Tennis-

and forth across the net. Then one voice, much more distinct than the others, called out, "Come on, Joyce! Give them hell! They're beginning to crack!" It was my youngest nephew. Joyce is the name of his sister-in-law, my eldest nephew's wife.

No words of mine can describe the strangeness of those familiar words and sounds. I listened to them as a dead man might listen to the voices of the living. They were so near to me, and yet so immeasurably remote. "Oh, tricky! Very tricky!" I heard Joyce exclaim. And Bob, my eldest nephew, retorted, "What do you think you're playing – ping-pong?"

That was all. The next moment, the contact – or whatever you like to call it – was broken. My fingers had touched the book, and there I was, back in the gray, clear continuity of normal consciousness, with the rain pattering fast on the pane behind me and the light of a February morning all around. I heard the maid come out of the bathroom and begin to descend the stairs.

I forget exactly what I did next, I think I must have paced the room several times, backward and forward, pausing to look down through the window at the wet tennis court and the empty garden beyond. I was deeply excited and disturbed. Although it still wasn't entirely clear what had happened to me, I was aware that something *had* happened, something so dimly tremendous that it dwarfed every other experience of my whole life. I carefully wrote down what I had heard and seen, as I have described it here. When I had finished, I felt very tired. I lay down on my bed and slept soundly till lunch.

Thereafter I was like a reader who searches for

balls, der über das Netz hin und her geschlagen wird. Dann rief eine Stimme, die viel deutlicher war als die anderen: «Los, Joyce! Mach ihnen die Hölle heiß! Sie fangen schon an nachzulassen!» Es war mein jüngster Neffe. Joyce heißt seine Schwägerin, die Frau meines ältesten Neffen.

Mir fehlen die Ausdrücke, um die Seltsamkeit dieser vertrauten Worte und Laute zu beschreiben. Ich lauschte ihnen so, wie ein Toter vielleicht den Stimmen der Lebenden lauschen würde. Sie waren mir so nah und doch so unermesslich fern. «Oh, raffiniert! Sehr raffiniert!» hörte ich Joyce ausrufen. Und Bob, mein ältester Neffe, erwiderte: «Was glaubst denn du, was du spielst – Tischtennis?»

Das war alles. Im nächsten Augenblick war die Verbindung – oder wie man es zu nennen beliebt – abgebrochen. Meine Finger hatten das Buch berührt, und nun war ich wieder zurückgeworfen in das graue, klare Fortbestehen normalen Bewusstseins, wobei der Regen kräftig an die Fensterscheibe hinter mir prasselte und das Licht eines Februarmorgens um mich herum war. Ich hörte, dass das Dienstmädchen aus dem Bad kam und sich anschickte, die Treppe hinunterzugehen.

Was ich als nächstes tat, weiß ich nicht mehr genau. Ich denke, ich bin wohl mehrmals durch das Zimmer gegangen, hin und her, und habe innegehalten, um durch das Fenster auf den nassen Tennisplatz und den weiter weg liegenden leeren Garten zu schauen. Ich war mächtig aufgeregt und verwirrt. Obschon es noch immer nicht ganz klar war, was mir widerfahren war, wusste ich, dass sich etwas ereignet hatte, etwas derart unklar Entsetzliches, dass es jede andere Erfahrung in meinem Leben klein erscheinen ließ. Ich schrieb sorgfältig nieder, was ich gehört und gesehen hatte, so wie ich es hier geschildert habe. Als ich fertig war, fühlte ich mich sehr müde. Ich legte mich auf mein Bett und schlief fest bis zum Mittagessen.

Hinterher war ich wie ein Leser, der nach einer halb im

some half-remembered passage in a book. I had a kind of assignation with a certain moment in time. Could I find that moment or would it find me? Obviously, if I had really travelled into the future and not back into the past, I should have several months to wait. It was very difficult to be patient.

Toward the end of May, Jack, my youngest nephew, came to visit us. He was to stay a fortnight. The fine weather had started and the tennis court was already put in order. Whenever anybody spoke of tennis, I, who have never taken any interest in the game, felt my pulse throb with suppressed excitement. But where were the other actors in the strange, meaningless little drama I hoped to witness? I repeatedly asked Mabel and my brother if Bob and Joyce were expected. No, they said, not yet. Bob, who is a certified public accountant, had an auditing job in Boston. He wouldn't be likely to visit us before August.

On the afternoon of Saturday, June 3rd, I returned by bus from shopping in town. It was about a quarter to three. Hearing a confused sound of voices from the garden, I decided to slip into the house by the back door, not wishing to meet the visitors, whoever they were, while I was hot, dusty, and laden with parcels. Encountering nobody, I climbed the stairs to my room. I had bought several books at the local stationery store and my first thought was to unwrap them. As I moved toward the bookcase I heard Jack's voice on the lawn below, calling the score, "Fifteen all!"

A girl's voice, which I didn't recognize, cried, "You skunk, you're cheating!"

Gedächtnis haftengebliebenen Stelle in einem Buch sucht. Ich hatte eine Art Stelldichein mit einem gewissen Augenblick im Zeitablauf. Konnte ich diesen Augenblick finden oder würde er mich finden? Wenn ich tatsächlich in die Zukunft und nicht zurück in die Vergangenheit gereist wäre, müsste ich offensichtlich mehrere Monate warten. Es war sehr schwer, geduldig zu sein.

Gegen Ende Mai besuchte uns Jack, mein jüngster Neffe. Er sollte vierzehn Tage bleiben. Das schöne Wetter hatte eingesetzt, und der Tennispiatz war schon hergerichtet worden. Immer wenn jemand von Tennis sprach, fühlte ich, der ich für das Spiel nie etwas übrig gehabt habe, meinen Puls vor unterdrückter Erregung schlagen. Doch wo waren die anderen Mitwirkenden in diesem sonderbaren, bedeutungslosen, kleinen Drama, dessen Zeuge ich zu sein hoffte? Ich fragte wiederholt Mabel und meinen Bruder, ob Bob und Joyce erwartet wurden. Nein, sagten sie, noch nicht. Bob, der amtlich zugelassener Wirtschaftsprüfer ist, hat in Boston eine Stelle als Revisor. Er würde wahrscheinlich nicht vor August zu uns auf Besuch kommen.

Am Samstag, dem 3. Juni, kehrte ich nachmittags mit dem Bus vom Einkaufen in der Stadt zurück. Es war etwa Viertel vor drei. Da ich vom Garten her ein undeutliches Stimmengewirr hörte, entschloss ich mich, durch die Hintertür ins Haus zu schleichen, weil ich den Besuchern, wer sie auch waren, nicht begegnen wollte, solange ich erhitzt, staubig und mit Paketen beladen war. Ich traf niemanden an und stieg daher die Treppe zu meinem Zimmer hinauf. In der Schreibwarenhandlung des Ortes hatte ich mehrere Bücher gekauft, und mein erster Gedanke war, sie auszuwickeln. Als ich mich auf das Bücherregal zubewegte, hörte ich Jacks Stimme auf dem Rasen unten, wie er den Spielstand ausrief: « Fünfzehn beide ! »

Eine Mädchenstimme, die ich nicht erkannte, rief: « Du Stinktier, du mogelst ! »

"Oh, good shot!"

"Lousy!"

"Don't try that Forest Hills stuff here!"

"Damn!"

"Come on, Joyce! Give them hell! They're beginning to crack!"

It was there, my moment. And even as, with a gasp, I recognized it, it was past – it flashed by me and was gone. Long before I recovered my wits sufficiently to hurry to the window, the actors had spoken their familiar lines. The drama was over. Looking down into the garden; I saw Jack, Bob, Joyce, and a strange girl chatting and joking across the net at the end of their game. The girl was a friend of Joyce's. She had been brought over in the car from Providence, I later discovered, when Bob planned this surprise visit. He had come to stay for the weekend.

Almost exactly two weeks later, on the afternoon of Sunday, June 18th, I had gone into the trunk room to hunt for some old photographs. The trunk room is at the top of the house; it has no windows, only a skylight let into the roof. It is crowded with bits of damaged furniture, cardboard boxes, and old trunks. Mabel, who was sitting in the drawing room, had made me promise to put everything back exactly as I found it. She also suggested that I should wear one of her aprons.

Wondering where to begin my search, I decided upon a scarred and much-labelled Gladstone bag, which looked large enough and ancient enough to contain the entire family archives. Blowing off some of the dust, I knelt down beside it and undid the fastenings and straps. No

«Oh, ein guter Schlag!»

«Lausig!»

«Versuch hier nicht diese Forest-Hills-Masche!

«Verdammt!»

«Los, Joyce! Heiz ihnen ein! Sie fangen schon an, weiche Kniee zu kriegen!»

Er war da, mein Augenblick. Und selbst als ich ihn mit einem Seufzer erkannte, war er vorüber – er flitzte an mir vorbei und war fort. Lange ehe ich meine fünf Sinne wieder hinreichend beisammen hatte, um ans Fenster zu eilen, hatten die Mitwirkenden ihre vertrauten Zeilen gesprochen. Das Drama war vorüber. Als ich in den Garten hinunterblickte, sah ich Jack, Bob, Joyce und ein fremdes Mädchen, wie sie am Ende ihres Spiels über das Netz hinweg plauderten und scherzten. Das Mädchen war eine Freundin von Joyce. Sie war aus Providence im Wagen herübergebracht worden, fand ich später heraus, als Bob diesen Überraschungsbesuch plante. Er war gekommen, um übers Wochenende zu bleiben.

Fast genau zwei Wochen später, am Nachmittag des 18. Juni, einem Sonntag, war ich auf den Speicher gegangen, um nach ein paar alten Photographien zu stöbern. Der Abstellraum ist im Haus ganz oben; er hat keine Fenster, nur eine in das Dach eingelassene Luke. Er ist vollgestellt mit beschädigten Möbelstücken, Pappschachteln und alten Koffern. Mabel, die gerade im Salon saß, hatte mir das Versprechen abgenommen, alles genauso zu hinterlassen, wie ich es vorgefunden hatte. Sie legte mir auch nahe, eine ihrer Schürzen tragen.

Ich wusste nicht recht, wo ich meine Nachforschung beginnen sollte und entschied mich für eine verkratzte zweiteilige Reisetasche mit zahlreichen Aufklebern, die groß genug und alt genug aussah, um die ganzen Familienarchive aufzunehmen. Nachdem ich etwas von dem Staub weggeblasen hatte, kniete ich neben der Tasche nieder und

sooner had I done so than the contents began to spill out over the floor. It was packed full, almost to bursting, with papers, bills, copies of old magazines, theatre programs, newspaper clippings, dance cards, autographed menus, and all kinds of fascinating relics, many of them dating back to the end of the last century. I was delighted and began examining these treasures, quite forgetting what it was that I had set out to look for. In this way I must have passed about a quarter of an hour.

Then, as I still bent over the papers, the attack seized me.

This time the sensations were different and incomparably more violent. My ears began to sing, my limbs stiffened, and a convulsion like an electric shock seemed to take place at the base of my spine. Half fainting, breathless, dizzy, I had barely time to think, "It's going to happen again!" Then I closed my eyes.

How long the fit lasted I don't know. Probably it was very brief. Gradually my arms and legs relaxed, my head cleared, I began to inhale deeply and easily. The sense of relief was exquisite. Very cautiously I opened my eyes and looked about me.

At first I hardly recognized the room in which I found myself. It was the same room, but the papers, the trunks, and the furniture had all disappeared. The floor on which I knelt seemed to have been recently scrubbed, for it was quite clean, and the cobwebs had been dusted away from the corners. Looking up at the skylight, I saw a patch of clear sky above my head. Its brightness suggested an early summer morning.

löste die Verschlüsse und Riemen. Kaum hatte ich das getan, als sich der Inhalt auch schon über den Boden ergoss. Die Tasche war fast bis zum Bersten vollgepackt mit Papieren, Rechnungen, Exemplaren alter Zeitschriften, Theaterprogrammen, Zeitungsausschnitten, Tanzkarten signierten Speisekarten und allen möglichen reizvollen Andenken, von denen viele bis ins Ende des letzten Jahrhunderts zurückreichten. Ich war entzückt, fing an, diese Schätze zu untersuchen und vergaß darüber, wonach ich eigentlich hatte suchen wollen. Auf diese Weise musste ich ungefähr eine Viertelstunde verbracht haben.

Als ich dann immer noch über die Papiere gebeugt war, kam der Anfall über mich.

Diesmal waren die Empfindungen anders und unvergleichlich heftiger. Meine Ohren fingen an zu singen, meine Glieder wurden steif, am untersten Teil meiner Wirbelsäule schien ein Zucken stattzufinden wie bei einem Elektroschock. Halb ohnmächtig, atemlos, schwindlig, hatte ich kaum Zeit zu denken: « Es geht schon wieder los ! » Dann schloss ich die Augen.

Wie lange der Anfall dauerte, weiß ich nicht. Wahrscheinlich war er sehr kurz. Nach und nach entspannten sich meine Arme und Beine, mein Kopf wurde klar, ich fing an, tief und leicht einzuatmen. Das Gefühl der Erleichterung war köstlich. Sehr vorsichtig machte ich die Augen auf und blickte um mich.

Zuerst erkannte ich fast nicht das Zimmer, in dem ich mich befand. Es war das gleiche Zimmer, doch die Papiere, die Koffer und die Möbel waren alle verschwunden. Der Boden, auf dem ich kniete, schien unlängst gescheuert worden zu sein, denn er war ganz sauber, und die Spinnweben waren aus den Ecken weggewischt worden. Als ich zur Dachluke emporschaute, sah ich ein Stück klaren Himmels über meinem Kopf. Seine Helle ließ an einen frühen Sommermorgen denken.

For several minutes I didn't move. I was scared, of course, but much more excited than scared. Rising to my feet, I performed what was unquestionably the bravest action of my life. I walked over and turned the handle of the door.

It was locked.

For some moments I stood stupidly twisting the knob in my hand. Then I began to rattle it, to beat the panel with my fist. Finally I shouted aloud, "Let me out! Let me out!"

There was no answer, and after a while I stopped. It was no good. The house must be empty.

Slowly I returned to the middle of the room. My heart was beating so fast now that it almost choked me. My brain was racing like an engine. "I've got to get out!" I kept telling myself. I looked at the skylight, but it was too high above me and I had nothing upon which to climb.

From boyhood I have admired, though somewhat grudgingly, the extreme lucidity of my brother's intelligence. Now, as I stood there baffled, I asked myself what would he, who was never at a loss, have done in my place. He would have applied himself, as he always did, to the available data, no matter how scanty. Well, that must be my method also. Wouldn't this bare room yield up some small clue? I started to examine it, foot by foot, with the eyes of an amateur detective.

It was then that I made my great discovery. In the shadows of the far corner, crumpled against the baseboard, lay some dirty sheets of paper. Sitting down upon the floor, I smoothed them out with trembling hands. They were the inside pages of a magazine: I read its name, the *Cage Bird Fancier*. And the date, July, 1944.

Mehrere Minuten lang bewegte ich mich nicht. Natürlich war ich verstört, aber mehr erregt als erschreckt. Ich stand auf und vollbrachte, was zweifellos die kühnste Tat meines Lebens war. Ich ging hinüber und drehte den Türgriff.

Die Tür war versperrt.

Eine Weile lang stand ich da und drehte dämlich den Knauf in meiner Hand. Dann begann ich ihn zu rütteln und mit der Faust gegen die Türfüllung zu schlagen. Schließlich brüllte ich: « Lasst mich raus ! Lasst mich raus ! »

Es erfolgte keine Antwort, und bald gab ich's auf. Es hatte keinen Zweck. Das Haus musste leer sein.

Langsam kehrte ich in die Mitte des Raumes zurück. Mein Herz schlug jetzt so schnell, dass mir fast der Atem wegblieb. Mein Schädel raste wie eine Maschine. « Ich muss hinaus ! » sagte ich dauernd zu mir selbst. Ich blickte zum Oberlicht empor, doch es war für mich zu hoch oben, und ich hatte nichts, worauf ich hätte klettern können.

Von Jugend an bewundere ich an meinem Bruder, wenn auch etwas neidisch, die außergewöhnliche Schärfe seines Verstands. Nun, wo ich verwirrt dastand, fragte ich mich, was er, der nie in Verlegenheit war, an meiner Stelle getan hätte. Er hätte, wie immer, seinen Sinn auf die zugänglichen Tatsachen gerichtet, wie spärlich diese auch waren. Nun, das musste auch mein Vorgehen sein. Würde dieser kahle Raum nicht irgendeinen kleinen Hinweis liefern? Ich begann, ihn mit den Augen eines Laiendetektivs abzusuchen, Meter um Meter.

Da machte ich meine große Entdeckung. Im Schatten der abgelegensten Ecke lagen, dicht an die Wandleiste geknüllt, ein paar schmutzige Bogen Papier. Ich setzte mich auf den Boden und glättete sie mit zitternden Händen. Es waren die Innenseiten einer Zeitschrift. Ich las deren Namen: der *Stubenvogelliebhaber*. Und das Datum: Juli 1944.

Only an archeologist can imagine the intensity of my excitement at that moment. Here was an actual tiny fragment of the future itself, palpable to my present-day fingers. It had been manufactured by men who could answer, offhand, many of those burning questions which still perplex the wisest mortals of 1939. Shaking with eagerness, I began to read.

I suppose I was very silly. I suppose I ought to have realized from the start the utter futility of my search. But I was too perturbed to be capable of reasoning. My mind shouted questions: 'Had the United States jumped into the war? Had there been a revolution? What is happening in Europe? In China? In the Near East?" And the men of the future, as if teasing my impatience, would only answer, "It is rather difficult to give exact dimensions for stock cages as they often have to be built to suit the individual breeder's accommodation. Generally speaking, however, they should not be less than 36 inches long, 12 to 15 inches high, and 12 inches wide...."

For all the information it gave me, the *Cage Bird Fancier* might equally well have been written in Turkish or Japanese.

Yet I read on, with the obstinacy of desperation: "We have a hen siskin which was very fussy about feeding her young; and it was quite by chance that my father squeezed a meal worm (after breaking its head off) and gave it to her when she was sitting on the nest.... If anyone can make chaffinches feed their young solely on a suitable soft food consisting of a really scientific formula, most of our troubles would be at an end. ("Most of our troubles," indeed! I cursed the single-mindedness

Nur ein Archäologe kann sich von der Stärke meiner Erregung in diesem Augenblick eine Vorstellung machen. Hier war ein wirkliches winziges Stück der Zukunft selbst, und meine Gegenwartsfinger konnten es anfassen. Es war von Leuten verfertigt worden, die aus dem Stegreif viele jener brennenden Fragen beantworten konnten, welche den weisesten Sterblichen des Jahres 1939 noch immer Rätsel aufgeben. Bebend vor Ungeduld begann ich zu lesen.

Vermutlich war ich sehr töricht. Vermutlich hätte ich von Anfang an die völlige Sinnlosigkeit meiner Suche erkennen sollen. Doch ich war zu beunruhigt, als dass ich imstande gewesen wäre, vernünftig zu urteilen. Mein Verstand stellte laut Fragen: «Hatten sich die Vereinigten Staaten in den Krieg gestürzt? Hatte es eine Revolution gegeben? Was geschieht jetzt in Europa? In China? Im Nahen Osten?» Und die Menschen der Zukunft, als wollten sie sich über meine Ungeduld lustig machen, sagten nur immerzu: «Es ist ziemlich schwierig, genaue Maße für Serienkäfige anzugeben, da sie oft so gebaut werden müssen, dass sie auf die Bequemlichkeit des einzelnen Züchters abgestimmt sind. Im allgemeinen sollten sie jedoch nicht weniger als 91 cm lang, 30 bis 38 cm hoch und 30 cm breit sein.»

Trotz all der Belehrung, die mir der *Stubenvogelliebhaber* bot, hätte er ebenso gut in Türkisch oder Japanisch geschrieben sein können.

Doch ich las weiter, mit der Sturheit der Verzweiflung: «Wir haben ein Zeisigweibchen, das sich schwer tat mit der Fütterung seiner Jungen; ganz zufällig zerdrückte mein Vater einen Mehlwurm (nachdem er ihm den Kopf abgerissen hatte) und gab ihn dem Zeisigweibchen, als es auf dem Nest saß.... Wenn jemand Buchfinken dazu bringt, dass sie ihre Jungen einzig und allein mit einer geeigneten weichen Nahrung aufziehen, rein wissenschaftlich ermittelt, dann hätte es mit den meisten unserer Schwierigkeiten ein Ende. («Mit den meisten Schwierig-

of the monomaniac.)... Owing to present conditions ("At last!" I thought "Now we're getting on the track of something!"), the June meeting of the Winchester Audubon Society had to be postponed." I read on avidly, only to discover that the Society was in a state of temporary suspension because three of its most prominent members had lately died.

I read on and on, learning all manner of highly relevant and unfruitful facts – that the legs of a canary will sometimes denote its approximate age, that narrow perches are best for birds which have slip claw, that baldness is not unusual among greenfinches. These tiresome details are imprinted upon my memory forever. But nowhere, nowhere could I find a trace of any wider implication. And even as my eyes hurried along the last lines of the print, I knew, in the deepest marrow of my bones, that I had outstayed my welcome. "Come along, now," something seemed to mutter in my ear. "It's time. You must be getting back."

"No, no!" I protested. "Wait! Give me one more moment!" But the singing noise was growing louder inside my head, my sight was dimming fast. Painfully, I spelled out the concluding sentences: "Time, unfortunately, prevented my visiting any more Waterbury fanciers, but I hope to pay them a return visit at some future date. In the meanwhile, I should just like to add – "

Everything went black. Clenching the paper in my two fists like a fraying life line, I pitched forward into oblivion.

When I recovered consciousness I found myself in bed, in my own room, with Mabel hover-

keiten», in der Tat! Ich verfluchte die Einfalt derer, die eine fixe Idee haben.)... Wegen derzeitiger Bedingungen («Endlich!» dachte ich. «Jetzt kommen wir einer Sache auf die Spur!») musste das Juni-Treffen der Winchester Audubon Gesellschaft verschoben werden.» Ich las gierig weiter, nur um zu erfahren, dass die Gesellschaft in einem vorübergehenden Schwebezustand war, weil drei herausragende Mitglieder vor kurzem gestorben waren.

Ich las immer weiter und lernte dabei sowohl alle möglichen höchst belangvollen wie auch unergiebigen Tatsachen – dass die Beine eines Kanarienvogels manchmal sein ungefähres Alter anzeigen, dass schmale Sitzstangen am besten sind für Vögel, welche Gleitklauen haben, dass Kahlheit unter Grünfinken nicht ungewöhnlich ist. Diese ermüdenden Einzelheiten sind in meinem Gedächtnis für immer eingeprägt. Doch nirgends, nirgends konnte ich die Spur irgendeiner weiterreichenden Bedeutung entdecken. Und selbst als meine Augen über die letzten Zeilen des Druckes hinwegeilten, wusste ich in meinem tiefsten Innersten, dass ich länger geblieben war, als man gern gesehen ist. «Komm jetzt», schien etwas mir ins Ohr zu flüstern. «Es ist Zeit. Du musst zurück.»

«Nein, nein!» begehrte ich auf. «Warte! Lass mir noch einen Augenblick Zeit!» Doch das singende Geräusch in meinem Kopf wurde lauter; rasch trübte sich meine Sicht. Mühsam entzifferte ich die Schlusssätze: «Leider hielt mich die Zeit davon ab, weitere Waterbury-Züchter zu besuchen, doch ich hoffe, ihnen zu einem späteren Termin einen Gegenbesuch abzustatten. Mittlerweile möchte ich bloß noch bemerken...»

Alles wurde schwarz. Ich hielt das Papier fest in meinen beiden Fäusten wie eine durchgescheuerte Rettungsleine und fiel bewusstlos kopfüber nach vorn.

Als ich wieder zu mir kam, befand ich mich im Bett, in meinem eigenen Zimmer, und Mabel flatterte besorgt um

ing anxiously around me. It was she who had discovered me, when she came upstairs to call me down to tea, lying senseless on the trunk-room floor. "Was there anything in my hand?" I asked her; and she replied, "Yes. You found them all right. Don't you remember?" "Found them?" I echoed stupidly: "Why, yes. The photographs. One of them is rather crumpled, but I'll iron it out. And now you're not to talk any more. The doctor will be here any moment."

The doctor, when he arrived, could find nothing much the matter. He advised a thorough rest, a little trip to the Cape later on. Both he and Mabel were curious to know the exact circumstances under which my fainting fit took place. I answered their questions as vaguely as possible. I had decided, of course, to tell them nothing. I have no wish to end my days in a mental home.

And now here I am, waiting for whatever may come next. Sometimes I feel frightened, but in general I manage to regard the whole business quite philosophically. I am well aware that the next adventure – if there ever is another – may be my last. The conditions of time travel may prove too violent for my elderly frame. Perhaps I shan't survive the journey. But I wouldn't refuse to make it on that account, even if I could. What other experience can be comparable to this? What else have I to live for now? So let the moment call for me when it will – at whatever time, in whatever place. I shall be ready.

mich herum. Sie war es, die mich auf dem Boden des Abstellraums vorgefunden hatte, wo ich bewusstlos lag, als sie nach oben kam, um mich zum Tee hinunterzuholen. «Hatte ich irgendetwas in der Hand?» fragte ich sie; und sie antwortete: «Ja. Du hast sie tatsächlich gefunden. Erinnerst du dich nicht?» «Sie gefunden? plapperte ich einfältig nach. «Na ja. Die Photographien. Eine von ihnen ist ziemlich zerknüllt, doch ich werde sie glattbügeln. Und nun sollst du nicht mehr reden. Jeden Augenblick wird der Arzt hier sein.»

Der Arzt konnte, als er kam, nichts Besonderes finden. Er riet, gründlich auszuspannen und später eine kleine Reise ans Kap anzutreten. Sowohl er wie Mabel waren erpicht darauf, die genauen Umstände zu erfahren, unter denen meine Ohnmacht stattfand. Ich beantwortete ihre Fragen so unscharf wie möglich. Natürlich hatte ich mir vorgenommen, ihnen nichts zu sagen, habe ich doch keine Lust, meine Tage in einem Irrenhaus zu beenden.

Und jetzt bin ich hier und warte auf alles, was als nächstes kommen mag. Manchmal fühle ich mich erschreckt, doch im allgemeinen gelingt es mir, die ganze Sache recht philosophisch zu betrachten. Ich bin mir durchaus bewusst, dass das nächste Erlebnis – falls es je noch eines geben wird – vielleicht mein letztes ist. Es kann sein, dass die Bedingungen der Zeitreise sich für meinen bejahrten Körper als zu heftig erweisen. Vielleicht werde ich die Reise nicht überleben. Aber deswegen würde ich, selbst wenn ich könnte, mich nicht weigern, sie zu machen. Was für eine andere Erfahrung lässt sich damit vergleichen? Wofür sonst habe ich jetzt zu leben? So möge denn der Augenblick mich fordern, wann er will – zu welcher Zeit und an welchem Ort auch immer. Ich werde bereit sein.

Mary Lavin
Sarah

Sarah had a bit of a bad name. That was the worst her neighbours would say of her, although there was a certain fortuity about her choice of fathers for the three strapping sons she'd borne – all three outside wedlock.

Sarah was a great worker, strong and tireless, and a lot of women in the village got her in to scrub for them. Nobody was ever known to be unkind to her. And not one of her children was born in the County Home. It was the most upright matron in the village who slapped life into every one of them.

"She's unfortunate, that's all," this matron used to say. "How could she know any better – living with two rough brothers? And don't forget she had no father herself!"

If Sarah had been one to lie in bed on a Sunday and miss Mass, her neighbours might have felt differently about her, there being greater understanding in their hearts for sins against God than for sins against his Holy Church. But Sarah found it easy to keep the Commandments of the church. She never missed Mass. She observed abstinence on all days abstinence was required. She frequently did the Stations of the Cross as well. And on Lady Day when an annual pilgrimage took place to a holy well in the neighbouring village Sarah was an example to all – with her shoes off walking over the sharp flinty stones, doing penance like a nun. If on that occasion some outsider showed disapproval of her, Sarah's neigh-

Mary Lavin
Sarah

Sarah stand nicht im besten Ruf. Das war das Schlimmste, was ihre Nachbarn über sie sagen konnten, wenngleich eine gewisse Zufälligkeit im Spiele war hinsichtlich der Wahl der Väter für die drei strammen Söhne, die sie geboren hatte – alle drei unehelich.

Sarah war eine tüchtige Arbeiterin, stark und unermüdlich, viele Frauen im Dorf beschäftigten sie zum Waschen und Putzen. Man hörte nie, dass jemand unfreundlich zu ihr war. Und keines ihrer Kinder kam im Grafschaftsheim zur Welt. Jedem wurde von der angesehensten Hebamme im Dorf mit einem Klaps zum Leben verholfen.

« Sie hat kein Glück, das ist alles », pflegte diese Hebamme zu sagen. « Wie hätte sie etwas Besseres kennenlernen können – wo sie doch mit zwei ungehobelten Brüdern zusammen lebte. Und vergessen Sie nicht, dass sie selber keinen Vater hatte ! »

Wäre Sarah eine gewesen, die sonntags im Bett liegen geblieben wäre und die Messe versäumt hätte, dann hätten ihre Nachbarn vielleicht andere Gefühle für sie gehegt, weil sie in ihrem Herzen mehr Verständnis für Sünden gegen Gott aufbrachten als für Sünden gegen seine Heilige Kirche. Doch Sarah fand es nicht schwer, die Gebote der Kirche einzuhalten. Sie versäumte nie die Heilige Messe. Sie befolgte das Abstinenzgebot an allen Tagen, an denen Abstinenz gefordert war. Auch betete sie oft den Kreuzweg. Und an Mariä Verkündigung, dem Frauentag, an dem alljährlich eine Wallfahrt zu einer heiligen Quelle im benachbarten Dorf stattfand, war Sarah allen ein Vorbild: barfuß schritt sie über die scharfen Kieselsteine und tat Buße wie eine Nonne. Wenn bei einer solchen Gelegenheit ein Außenstehender ihr gegenüber die Nase rümpfte, nahmen

bours were quicker than Sarah herself to take offence. All the same, charity was tempered with prudence, and women with grown sons, and women not long married, took care not to hire her.

So when Oliver Kedrigan's wife, a newcomer to the locality, spoke of getting Sarah in to keep house for her while she was going up to Dublin for a few days, two of the older women in the district felt it their duty to step across to Kedrigan's and offer a word of advice.

"I know she has a bit of a bad name," Kathleen conceded, "but she's a great worker. I hear it's said she can bake bread that's nearly as good as my own."

"That may be!" said one of the women, "but if I was you, I'd think twice before I'd leave her to mind your house while you're away!"

"Who else is there I can get?" Kathleen said stubbornly.

"Why do you want anyone? You'll only be gone for three days, isn't that all?"

"Three days is a long time to leave a house in the care of a man."

"I'd rather let the roof fall in on him than draw Sarah Murray about my place!" said the woman. 'She has a queer way of looking at a man. I wouldn't like to have her give my man one of those looks." Kathleen got their meaning at last.

"I can trust Oliver," she said coldly.

"It's not right to trust any man too far," the women said, shaking their heads.

"Oliver isn't that sort," Kathleen said, and her pale papery face smiled back contempt for the other women.

Sarahs Nachbarn das schneller übel als sie selbst. Dennoch war christliche Nächstenliebe durch Vorsicht gedämpft, und Frauen mit erwachsenen Söhnen sowie Frauen, die noch nicht lange verheiratet waren, hüteten sich, sie in Lohn zu nehmen.

Als daher Oliver Kedrigans Frau, neu im Ort, davon sprach, Sarah als Haushaltshilfe zu beschäftigen, während sie für ein paar Tage nach Dublin fuhr, hielten zwei der älteren Frauen im Bezirk es für ihre Pflicht, zu Kedrigans hinüber zu gehen und einen guten Rat anzubieten.

«Ich weiß, dass sie nicht im besten Ruf steht», räumte Kathleen ein, «aber sie ist eine tüchtige Arbeiterin. Es heißt, wie ich erfahren habe, sie könne Brot backen, das fast so gut ist wie mein eigenes.»

«Das mag sein!» sagte die eine der Frauen, «doch an Ihrer Stelle würde ich mir's zweimal überlegen, ihr den Haushalt anzuvertrauen, während Sie weg sind.»

«Wen kann ich denn sonst bekommen?» sagte Kathleen hartnäckig.

«Warum wollen Sie denn jemand? Sie werden doch nur drei Tage weg sein; wenn das alles ist?»

«Ein Haus drei Tage lang einem Mann anzuvertrauen – das ist eine lange Zeit.»

«Lieber würde ich das Dach auf ihn fallen lassen, als dass ich Sarah Murray in mein Haus holte!» sagte die Frau. «Sie hat eine sonderbare Art, einen Mann anzusehen. Ich möchte nicht, dass sie meinem Mann einen dieser Blicke schenkt.» Kathleen begriff schließlich, was die beiden sagen wollten.

«Ich kann mich auf Oliver verlassen», sagte sie kalt.

«Es ist nicht richtig, einem Mann allzu sehr zu trauen», sagten die Frauen kopfschüttelnd.

«Oliver ist nicht von der Sorte», sagte Kathleen, und ihr blasses, pergamentenes Gesicht lächelte zurück mit einem Ausdruck der Verachtung für die anderen Frauen.

Stung by that smile, the women stood up and prepared to take their leave.

"I suppose you know your own business," said the first one who had raised the subject, "but I wouldn't trust the greatest saint ever walked with Sarah Murray."

"I'd trust Oliver with any woman in the world," Kathleen said.

"Well he's your man, not ours," said the two women, speaking together as they went out the door. Kathleen looked after them resentfully. She may not have been too happy herself about hiring Sarah but as she closed the door on the women she made up her mind for once and for all to do so, goaded on by pride in her legitimate power over her man. She'd let everyone see she could trust him.

As the two women went down the road they talked for a while about the Kedrigans but gradually they began to talk about other things, until they came to the lane leading up to the cottage where Sarah Murray lived with her brothers and the houseful of children. Looking up at the cottage their thoughts went back to the Kedrigans again and they came to a stand. "What ever took possession of Oliver Kedrigan to marry that bleached out bloodless thing?" one of them said.

"I don't know," said the other one. "But I wonder why she's going up to Dublin?"

"Why do you think!" said the first woman, contemptuous of her companion's ignorance. "Not that she looks to me like a woman would ever have a child, no matter how many doctors she might go to – in Dublin or elsewhere."

Gekränkt von diesem Lächeln, standen die Frauen auf und schickten sich an zu gehen.

«Wahrscheinlich wissen Sie selbst, was zu tun ist», sagte die Wortführerin, die das Thema angeschnitten hatte, doch ich würde dem größten Heiligen, wenn er mit Sarah Murray ging, nicht trauen.»

«Ich würde Oliver mit jeder Frau der Welt trauen», sagte Kathleen.

«Na, er ist *ihr* Mann, nicht der unsere», sagten die beiden Frauen gleichzeitig im Hinausgehen. Kathleen blickte ihnen gereizt nach. Sie war vielleicht nicht allzu glücklich darüber gewesen, dass sie Sarah anstellte, doch als sie die Tür hinter den Frauen schloss, entschied sie sich endgültig dazu, angestachelt vom Stolz auf die rechtmäßige Macht über ihren Mann. Sie wollte allen zeigen, dass sie ihm vertrauen konnte.

Während die zwei Frauen die Straße entlang gingen, unterhielten sie sich eine Weile über die Kedrigans, aber nach und nach begannen sie über andere Dinge zu plaudern, bis sie in die Gasse kamen, die zu der Hütte führte, in der Sarah Murray mit ihren Brüdern und dem Haus voll Kindern wohnte. Beim Anblick der Hütte schweiften ihre Gedanken wieder zu den Kedrigans zurück, und die beiden blieben stehen. «Was mochte eigentlich in Oliver Kedrigan gefahren sein, dieses ausgebleichte, blutleere Ding zu heiraten?» sagte die eine.

«Ich weiß nicht», sagte die andere. «Doch ich frage mich, warum sie nach Dublin fährt.»

«Warum wohl!» sagte die erste Frau, voller Verachtung für die Ahnungslosigkeit ihrer Gefährtin. «Nicht etwa, dass sie auf mich den Eindruck einer Frau macht, die je ein Kind bekommen könnte, ganz gleich, wieviele Ärzte sie vielleicht aufsucht – in Dublin oder sonstwo.»

Sarah went over to Mrs Kedrigan's the morning Mrs Kedrigan was going away and she made her a nice cup of tea. Then she carried the suitcase down to the road and helped Kathleen on to the bus because it was a busy time for Oliver. He had forty lambing ewes and there was a predatory vixen in a nearby wood that was causing him alarm. He had had to go out at the break of day to put up a new fence.

But the bus was barely out of sight, when Oliver's cart rattled back into the yard. He'd forgotten to take the wirecutters with him. He drew up outside the kitchen door and called to Sarah to hand him out the clippers, so he wouldn't have to get down off the cart. But when he looked down at her, he gave a laugh. "Did you rub sheep-raddle into your cheeks?" he asked, and he laughed again – a loud happy laugh that could give no offence. And Sarah took none. But her cheeks went redder, and she angrily swiped a bare arm across her face as if to stem the flux of the healthy blood in her face. Oliver laughed for the third time. "Stand back or you'll frighten the horse and he'll bolt," he said, as he jerked the reins and the cart rattled off out of the yard again.

Sarah stared after him, keeping her eyes on him until the cart was like a toy cart in the distance, with a toy horse under it, and Oliver himself a toy farmer made out of painted wood.

When Kathleen came home the following Friday her house was cleaner than it had ever been. The boards were scrubbed white as rope, the windows glinted and there was bread cooling on the sill. Kathleen paid Sarah and Sarah went home. Her

An dem Morgen, als Frau Kedrigan abreiste, ging Sarah hinüber zu den Kedrigans und machte ihr eine vortreffliche Tasse Tee. Dann trug sie den Koffer an die Straße hinunter und half Kathleen in den Bus, weil Oliver viel zu tun hatte. Er besaß vierzig trächtige Mutterschafe, und in einem nahe gelegenen Wald trieb sich eine vom Raub lebende Füchsin herum, die ihn beunruhigte. Er hatte bei Tagesanbruch hinausfahren müssen, um einen neuen - Zaun aufzustellen.

Doch kaum war der Bus außer Sicht, als Olivers Karren in den Hof zurückklapperte. Er hatte vergessen, die Drahtscheren mitzunehmen. Er fuhr außerhalb der Küchentür vor und rief Sarah, ihm die Scheren herauszureichen, damit er nicht vom Karren absteigen müsse. Als er aber auf sie herabsah, lachte er. «Hast du dir rote Farbe auf die Backen geschmiert?» fragte er und lachte wieder – ein lautes, glückliches Lachen, das nicht anstößig wirken konnte. Und Sarah empfand es auch nicht so. Doch ihre Wangen röteten sich noch mehr, und sie wischte zornig mit dem blanken Arm übers Gesicht, als wolle sie dem Zufluss gesunden Blutes in ihr Gesicht Einhalt gebieten. Oliver lachte ein drittes Mal. «Trete zurück, sonst erschreckst du das Pferd und es geht durch!» sagte er, als er die Zügel bewegte und der Wagen wieder aus dem Hof hinausratterte.

Sarah sah ihm nach und behielt ihn im Blick, bis der Karren in der Ferne einem Spielzeugwagen ähnelte, mit einem Spielzeugpferd, und Oliver selbst wie ein aus angestrichenem Holz gefertigter Spielzeugbauer.

Als Kathleen am darauffolgenden Freitag nach Hause kam, war ihr Haus sauberer, als es je gewesen war. Die Dielenbretter waren blitzblank geschrubbt, die Fenster glänzten, und auf der Fensterbank stand Brot zum Auskühlen. Kathleen bezahlte Sarah, und Sarah ging nach Hause. Ihre

brothers were glad to have her back to clean the house and make the beds and bake. She gave them her money. The children were glad to see her too because while she was away their uncles made them work all day footing turf and running after sheep like collie dogs.

Sarah worked hard as she had always done, for a few months. Then one night as she was handing round potato-cakes to her brothers and the children who were sitting around the kitchen table with their knives and forks at the ready in their hands, the elder brother Pat gave a sharp look at her. He poked Joseph, the younger brother, in the ribs with the handle of his knife. "For God's sake," he said, "will you look at her!"

Sarah ignored Pat's remark, except for a toss of her head. She sat down and ate her own supper greedily, swilling it down with several cups of boiling tea. When she'd finished she got up and went out into the wagon-blue night. Her brothers stared after her. "Holy God," Pat said, "something will have to be done about her this time."

"Ah what's the use of talking like that?" Joseph said, twitching his shoulders uneasily. "If the country is full of blackguards, what can we do about it?"

Pat put down his knife and fork and thumped the table with his closed fist.

"I thought the talking-to she got from the priest the last time would knock sense into her. The priest said a Home was the only place for the like of her. I told him we'd have no part in putting her away – God Almighty what would we do without her? There must be a woman in the house! – but we can't stand for much more of this."

Brüder freuten sich, dass sie wieder zurück war für den Hausputz, zum Bettenmachen und Backen. Sie gab ihnen ihr Geld. Die Kinder freuten sich ebenfalls, sie wieder zu sehen, weil ihre Onkel während ihrer Abwesenheit sie den ganzen Tag lang mit Torftreten beschäftigten und sie, wie Schäferhunde, hinter Schafen herlaufen ließen.

Einige Monate lang arbeitete Sarah schwer, genau wie sie es immer getan hatte. Eines Abends, wie sie gerade Kartoffelpfannkuchen an ihre Brüder und Kinder austeilte, die rund um den Küchentisch saßen und schon ihre Messer und Gabeln bereithielten, fasste der ältere Bruder Pat sie genau ins Auge. Er stieß Joseph, den jüngeren Bruder, mit dem Griff seines Messers leicht in die Rippen: « Um Gottes willen ! » sagte er, « schau sie doch mal an ! »

Sarah nahm Pats Bemerkung nicht zur Kenntnis; sie schüttelte nur den Kopf. Sie setzte sich, verschlang ihr eigenes Essen und spülte es mit etlichen Tassen heißen Tees hinunter. Als sie fertig war, stand sie auf und ging hinaus in die blaue Nacht. Ihre Brüder starrten ihr nach. « Heiliger Gott ! » sagte Pat, « diesmal muss irgendetwas mit ihr geschehen. »

« Ach, was hat es für einen Sinn, so daherzureden ? » sagte Joseph und zuckte unbehaglich mit den Schultern. « Wenn das Land voller Lumpenpack ist, was können wir daran ändern ? »

Pat legte Messer und Gabel zur Seite und schlug mit der Faust auf den Tisch.

« Ich habe geglaubt, die Vorhaltungen des Pfarrers neulich würden ihr Vernunft einbleuen. Der Priester sagte, für ihresgleichen sei ein Heim der einzige Platz. Ich antwortete, wir wollten mit einer Einweisung nichts zu tun haben – Allmächtiger Gott, was sollten wir ohne sie tun ? Es muss doch eine Frau im Haus sein ! – aber viel mehr in der Art können wir nicht hinnehmen. »

Joseph was still pondering over the plight they'd be in without her. "Her brats need her too," he said, "leastways until they can be sent out to service themselves." He looked up. "That won't be long now though; they're shaping into fine strong boys."

But Pat stood up. "All the same something will have to be done. When the priest hears about this he'll be at me again. And this time I'll have to give him a better answer than the other times."

Joseph shrugged his shoulders. "Ah tell him you can get no rights of her. And isn't it the truth?" He gave an easy-going chuckle. "Tell him to tackle the job himself!"

Pat gave a sort of a laugh too but it was less easy. "Do you remember what he said the last time? He said if she didn't tell the name of the father, he'd make the new born infant open its mouth and name him."

"How well he didn't do it! Talk is easy!" Joseph said.

"He didn't do it," said Pat, "because Sarah took care not to let him catch sight of the child till the whole thing was put to the back of his mind by something else – the Confirmation or the rewiring of the chapel."

"Well, can't she do the same with this one?" Joseph said. He stood up. "There's one good thing about the whole business, and that is that Mrs Kedrigan didn't notice anything wrong with her, or she'd never have given her an hour's work!"

Pat twitched with annoyance. "How could Mrs Kedrigan notice anything? Isn't it six months at least since she was working in Kedrigan's?"

"It is I suppose," Joseph said.

Joseph grübelte noch immer über die unangenehme Lage nach, in der sie sich ohne sie befinden würden. « Auch ihre Gören brauchen sie », sagte er, « zumindest, bis man sie selber in Stellung geben kann. » Er blickte auf. « Wenn das auch nicht mehr lange dauert; sie entwickeln sich zu richtigen starken Burschen. »

Doch Pat stand auf. « Trotzdem muss etwas getan werden. Wenn der Priester davon erfährt, wird er sich wieder mit mir anlegen. Und diesmal muss ich ihm eine bessere Antwort geben als die anderen Male. »

Joseph zuckte mit den Schultern. « Sag ihm doch, dass du ihr nicht beikommen kannst. Und stimmt denn das nicht? » Er lachte still und unbekümmert in sich hinein. « Sag ihm, er solle sich selber darum kümmern! »

Auch Pat stimmte in das Lachen ein, doch es war weniger unbeschwert. « Erinnerst du dich, was er beim letzten Mal gesagt hat? Er sagte, wenn sie den Namen des Vaters nicht preisgebe, würde er dem Neugeborenen den Mund öffnen und ihn nennen lassen. »

« Wie gut, dass er's nicht getan hat! Reden ist leicht! » sagte Joseph.

« Er tat es nicht », sagte Pat, « weil Sarah dafür sorgte, dass er das Kind nicht zu sehen bekam, bis die ganze Angelegenheit durch etwas anderes in den Hintergrund seines Denkens geriet – die Firmung oder die Neugestaltung des Gottesdienstes. »

« Nun, kann sie mit diesem nicht das Gleiche tun? » sagte Joseph. Er stand auf. « Die ganze Sache hat ein Gutes; Frau Kedrigan hat nämlich nicht bemerkt, dass etwas mit ihr los war, sonst hätte sie ihr nie auch nur eine Stunde Arbeit verschafft. »

Pat zuckte verdrießlich zusammen. « Wie hätte Frau Kedrigan etwas merken können? Ist es nicht mindestens ein halbes Jahr her, seit sie dort gearbeitet hat? »

« Wahrscheinlich schon », sagte Joseph.

The two brothers moved about the kitchen for a few minutes in silence. The day with its solidarity of work and eating was over and they were about to go their separate ways when Joseph spoke.

"Pat?"

"What?"

"Oh nothing," said Joseph. "Nothing at all."

"Ah quit your hinting! What are you trying to say? Speak out man."

"I was only wondering," said Joseph. "Have you any idea at all who could be the father of this one?"

"Holy God," Pat cried in fury. "Why would you think I'd know the father of this one any more than the others? But if you think I'm going to stay here all evening gossiping like a woman, you're making a big mistake. I'm going out. I'm going over to the quarry field to see that heifer is all right that was sick this morning."

"Ah the heifer'll be all right," Joseph said. But feeling his older brother's eyes were on him he shrugged his shoulders. "You can give me a shout if she's in a bad way and you want me." Then when he'd let Pat get as far as the door he spoke again. "I won't say anything to her, I suppose, when she comes in?" he asked.

Pat swung around. "And what would you say, I'd like to know? Won't it be beyond saying anyway in a few weeks when everyone in the countryside will see for themselves what's going on?'

"That's right," said Joseph.

Sarah went out every night, as she had always done, when dusk began to crouch over the fields.

Die beiden Brüder gingen ein paar Minuten lang schweigend in der Küche umher. Der Tag mit seiner gemeinsamen Arbeit und dem gemeinsamen Essen war vorbei, und sie schickten sich an, ihre getrennten Wege zu gehen, als Joseph zu sprechen anfing.

«Pat?»

«Was?»

«Oh, nichts», sagte Joseph. «Überhaupt nichts.»

«Ach, gib es auf, Anspielungen zu machen! Was willst du eben sagen? Heraus mit der Sprache!»

«Ich habe mich bloß gewundert», sagte Joseph. «Hast du überhaupt eine Ahnung, wer der Vater von diesem sein könnte?»

«Herrgott!» rief Pat wütend. «Warum glaubst du, ich würde den Vater von diesem eher kennen als die anderen? Doch wenn du glaubst, dass ich den ganzen Abend hier bleibe und wie eine Frau tratsche, dann täuscht du dich schwer. Ich gehe jetzt weg. Ich gehe jetzt ins Steinbruchfeld hinüber, um nachzusehen, ob mit der Färse, die heute Morgen krank war, alles in Ordnung ist.»

«Oh, die Färse wird schon gesund sein», sagte Joseph. Da er aber merkte, dass die Augen seines älteren Bruders auf ihn gerichtet waren, zuckte er mit den Schultern. «Du kannst mich rufen, wenn es ihr nicht gut geht und du mich brauchst.» Als er dann Pat bis zur Tür gehen ließ, sprach er wieder. «Ich soll vermutlich nichts zu ihr sagen, wenn sie heimkommt?» fragte er.

Pat drehte sich herum. «Und was würdest du sagen, das möchte ich gern wissen? Wird es sich nicht in ein paar Wochen ohnehin erübrigen, wenn jeder in der Gegend selber sehen kann, was los ist?»

«Das stimmt», sagte Joseph.

Sarah ging jeden Abend aus, wie immer, wenn die Dämmerung über die Felder zu kriechen begann. Und ihre

And her brothers kept silent tongues in their heads about the child she was carrying. She worked even better than before and she sang at her work. She carried the child deep in her body and she boldly faced an abashed congregation at Mass on Sundays, walking down the centre aisle and taking her usual place under the fourth station of the cross.

Meantime Mrs Kedrigan too was expecting her long-delayed child, but she didn't go to Mass: the priest came to her. She was looking bad. By day she crept from chair to chair around the kitchen, and only went out at night for a bit of a walk up and down their own lane. She was self-conscious about her condition and her nerves were frayed. Oliver used to have to sit up half the night with her and hold her moist hands in his until she fell asleep, but all the same she woke often and was frightened and peevish and, in bursts of hysteria, she called him a cruel brute. One evening she was taking a drop of tea by the fire. Oliver had gone down to the Post Office to see if there was a letter from the Maternity Hospital in Dublin, where she had engaged a bed for the following month. When he came back Oliver had a letter in his hand. Before he gave it to her, he told her what was in it. It was an anonymous letter and it named him as the father of the child Sarah Murray was going to bring into the world in a few weeks. He told Kathleen it was an unjust accusation.

"For God's sake, say something, Katty," he said. "You don't believe the bloody letter, do you?" Kathleen didn't answer. "You don't believe it, sure you don't." He went over to the window and laid his burning face against the cold pane of glass. "What will I do, Katty?'

Brüder hüllten sich in Schweigen, was das Kind betraf, das sie austrug. Sie arbeitete sogar besser als zuvor und sang bei der Arbeit. Sie trug das Kind tief in ihrem Leibe und trat an Sonntagen bei der Messe unerschrocken einer verlegenen Gemeinde gegenüber, ging das Mittelschiff entlang und nahm ihren gewohnten Platz unter der vierten Kreuzwegstation ein.

Mittlerweile erwartete auch Frau Kedrigan ihr lange ausgebliebenes Kind, aber sie ging nicht zur Messe: der Priester kam zu ihr. Sie sah schlecht aus. Bei Tag kroch sie in der Küche von Stuhl zu Stuhl, und nur nachts verließ sie das Haus, um in ihrer eigenen Gasse ein wenig auf und ab zu gehen. Sie war sich ihrer Lage bewusst, und ihre Nerven waren wundgerieben. Oliver musste bei ihr meistens die halbe Nacht aufbleiben und ihr die feuchten Hände halten, bis sie einschlief, aber trotzdem wachte sie oft auf, war verschreckt und übellaunig, und in hysterischen Anfällen nannte sie ihn einen gefühllosen Rohling. Eines Abends trank sie am Kamin einen Schluck Tee. Oliver war zur Post gegangen, um nachzusehen, ob ein Brief von der Entbindungsanstalt in Dublin gekommen sei, wo sie für den folgenden Monat ein Bett gebucht hatte. Als er zurückkam, hatte Oliver einen Brief in der Hand. Ehe er ihn ihr gab, sagte er ihr, was darin stand. Es war ein anonymer Brief, in dem er als Vater des Kindes benannt wurde, von dem Sarah Murray in ein paar Wochen entbunden werde. Oliver sagte Kathleen, diese Beschuldigung sei ungerecht.

«Um Himmels willen, sag doch irgendwas, Katty. Du schenkst doch diesem verdammten Brief keinen Glauben, oder?» Kathleen gab keine Antwort. «Du glaubst das doch nicht, ganz bestimmt nicht.» Oliver ging hinüber ans Fenster und legte sein brennendes Gesicht gegen die kalte Glasscheibe. «Was kann ich tun, Katty?»

"You'll do nothing," Kathleen said, speaking for the first time. "Nothing. Aren't you innocent? Take no notice of that letter."

She stooped and with a wide and grotesque swoop she plucked up the letter. Then she got to her feet and put the letter under a plate on the dresser and began to get the tea ready with slow, tedious journeyings back and forth across the silent kitchen. Oliver stood looking out at the fields until the tea was ready and once or twice he looked at his wife with curiosity. At last he turned away from the window and went over to the dresser. "I'll tear up the letter," he said.

"You'll do nothing of the kind," Kathleen said, and with a lurch she reached the dresser before him. "Here's where that letter belongs."

There was a sound of crackling and a paper-ball went into the heart of the flames. Oliver watched it burn, and although he thought it odd that he didn't see the writing on it, he still believed that it was Sarah's letter that coiled into a black spiral in the grate.

The next evening Sarah was sitting by the fire as Kathleen Kedrigan had been sitting by hers. She too was drinking a cup of tea, and she didn't look up when her brothers came into the kitchen. No one spoke, but after a minute or two Sarah went to get up to prepare the supper. Her brother Pat pushed her down again on the chair. The cup shattered against the range and the tea slopped over the floor.

"Is this letter yours? Did you write it?" he shouted at her, holding out a letter addressed to Oliver Kedrigan – a letter that had gone through

«Du wirst nichts tun», antwortete Kathleen, die sich zum ersten Mal äußerte. «Nichts. Bist du denn nicht unschuldig? Nimm diesen Brief nicht zur Kenntnis!»

Sie bückte sich, und mit einem weitausholenden, grotesken Griff schnappte sie sich den Brief. Dann stand sie auf und legte ihn unter einen Teller auf die Anrichte und begann mit langsamen, umständlichen Bewegungen, die sie quer durch die stille Küche hin und her führten, den Tee zuzubereiten. Oliver stand da und blickte auf die Felder hinaus, bis der Tee fertig war, und ein- oder zweimal schaute er neugierig seine Frau an. Schließlich wandte er sich vom Fenster ab und ging zur Anrichte hinüber. «Ich werde den Brief zerreißen», sagte er.

«Du wirst nichts dergleichen tun», sagte Kathleen, und mit einem Ruck erreichte sie die Anrichte vor ihm. «Der Brief gehört hierher.»

Es gab ein Racheln, ein Knistern – ein Papierknäuel flog mitten ins Feuer. Oliver schaute zu, wie er brannte, und obschon er es sonderbar fand, dass er die Schrift darauf nicht sah, glaubte er noch immer, es sei Sarahs Brief, der sich auf dem Rost zu einer schwarzen Spirale zusammenrollte.

Am nächsten Abend saß Sarah am Feuer, so wie Kathleen an dem ihren gesessen hatte. Auch sie trank eine Tasse Tee, und sie blickte nicht auf, als ihre Brüder in die Küche kamen. Niemand sagte etwas, doch nach ein oder zwei Minuten stand Sarah auf, um das Abendessen herzurichten. Ihr Bruder Pat schubste sie wieder auf den Stuhl zurück. Die Tasse schepperte gegen den Küchenherd, und der Tee ergoss sich über den Fußboden.

«Gehört dieser Brief dir? Hast du ihn geschrieben?» schrie er sie an und hielt ihr einen an Oliver Kedrigan gerichteten Brief hin – einen Brief, der von der Post abgefertigt und zugestellt und dann geöffnet worden war.

the post, and been delivered and opened. "Do you hear me talking to you? Did you write this letter?'

"What business is it of yours?" Sarah said sullenly, and again she tried to get to her feet.

"Sit down, I tell you", Pat shouted and he pressed her back. "Answer my question. Did you write this letter?"

Sarah stared dully at the letter in her brother's hand. The firelight flickered in her yellow eyes. "Give it to me," she snarled, and she snatched it from him. "What business is it of yours, you thief?"

"Did you hear that, Pat? She called you a thief!" the younger brother shouted.

"Shut up, you," Pat said. He turned back to his sister. "Answer me. Is it true what it says in this letter?"

"How do I know what it says! And what if it is true? It's no business of yours."

"I'll show you whose business it is!" Pat said. For a minute he stood as if not knowing what to do. Then he ran into the room off the kitchen where Sarah slept with the three children. He came out with an armful of clothes, a red dress, a coat, and a few bits of underwear. Sarah watched him. There was no one holding her down now but she didn't attempt to rise. Again her brother stood for a moment in the middle of the floor irresolute. Then he heard the outer door rattle in a gust of wind, and he ran towards it and dragging it open he threw out the armful of clothing, and ran back into the room. This time he came out with a jumper and a red cap, an alarm clock and a few other odds and ends. He threw them out the door, too.

«Hörst du, dass ich mit dir rede? Hast du diesen Brief geschrieben?»

«Was geht das dich an?» sagte Sarah mürrisch und versuchte abermals aufzustehen.

«Setz dich hin, sag ich», schrie Pat und drückte sie zurück. «Beantworte meine Frage. Hast du diesen Brief geschrieben?»

Sarah starrte mit gelangweilter Miene auf den Brief in der Hand ihres Bruders. Der Feuerschein flackerte in ihren gelben Augen. «Gib ihn mir!» zischte sie und entriss ihm den Brief. «Was hast du damit zu schaffen, du Dieb?»

«Hast du das gehört, Pat? Sie hat dich einen Dieb genannt», schrie der jüngere Bruder.

«Halt die Klappe, du!» sagte Pat. Er wandte sich wieder seiner Schwester zu.

«Antworte mir. Stimmt das, was in diesem Brief steht?»

«Wie soll ich wissen, was drin steht! Und was ist, wenn es stimmt? Dich geht es nichts an.»

«Ich werde dir zeigen, wen das etwas angeht!» sagte Pat. Eine Minute lang stand er da, als wüsste er nicht, was er tun sollte. Dann lief er in den Raum neben der Küche, in dem Sarah mit den drei Kindern schlief. Er kam mit einem Arm voll Kleidern, einem roten Kleid, einem Mantel und ein paar Stücken Unterwäsche heraus. Sarah beobachtete ihn. Es war jetzt niemand da, der sie ím Bett festhielt, doch sie versuchte nicht aufzustehen. Wiederum stand ihr Bruder einen Augenblick lang unentschlossen mitten in der Diele. Dann hörte er die Außentür in einem Windstoß rattern, er lief zu ihr hin, riss sie auf, warf den Arm voll Kleidung hinaus und lief wieder zurück in Sarahs Zimmer. Diesmal kam er mit einem Jumper und einer roten Mütze zum Vorschein, mit einem Wecker und ein paar anderen Kleinigkeiten. Auch diese warf er zur Tür hinaus.

"Do you know it's raining, Pat?" the younger brother asked cautiously.

"What do I care if it's raining?" Pat said. He went into the other room a third time. He was a while in there rummaging and when he came out he had a picture-frame, a prayer book, a pair of high-heeled shoes, a box of powder and a little green velvet box stuck all over with pearly shells.

Sarah sprang to her feet. "My green box. Oh! Give me my box!" She tried to snatch it from him.

But Joseph suddenly put out a foot and tripped her.

When Sarah got to her feet Pat was standing at the door throwing her things out one by one, but he kept the green box till last and when he threw it out he fired it with all his strength as far as it would go as if trying to reach the dunghill at the other end of the yard. At first Sarah made as if to run out to get the things back. Then she stopped and started to pull on her coat, but her brother caught her by the hair, at the same time pulling the coat off her. Then, by the hair he dragged her across the kitchen and pushed her out into the rain, where she slipped and fell again on the wet slab stone of the doorway. Quickly then he shut out the sight from his eyes by banging the door closed.

"That ought to teach her," he said. "Carrying on with a married man! No one is going to say I put up with that kind of thing. I didn't mind the other times when it was probably old Molloy or his like that would have been prepared to pay for his mistakes if the need arose, but I wasn't going to stand for a thing like this."

"You're sure it was Kedrigan?"

« Weißt du, dass es regnet, Pat? » fragte der jüngere Bruder vorsichtig.

« Was schert es mich, wenn es regnet? » sagte Pat und ging ein drittes Mal in das andere Zimmer. Dort drinnen fuhrwerkte er eine Zeit lang herum, und als er herauskam, hatte er einen Bilderrahmen, ein Gebetbuch, ein Paar Schuhe mit hohem Absatz, eine Puderdose und ein grünes Samtkästchen, das über und über mit perlmutterartigen Muscheln besetzt war.

Sarah sprang auf. « Meine grüne Schatulle. Oh! Gib mir meine Schatulle! » Sie versuchte, sie ihm zu entreißen.

Doch Joseph streckte plötzlich einen Fuß vor und brachte sie zu Fall.

Als Sarah wieder auf die Beine kam, stand Pat im Türrahmen und schmiss ihre Sachen der Reihe nach hinaus, doch die grüne Schatulle behielt er bis zuletzt, und als er sie hinauswarf, feuerte er sie mit aller Kraft so weit weg wie nur möglich, als ob er versuchte, sie bis zum Misthaufen am anderen Ende des Hofes zu befördern. Zuerst tat Sarah, als wolle sie hinauslaufen, um die Sachen zurückzuholen. Dann blieb sie stehen und begann ihren Mantel anzuziehen, aber ihr Bruder erwischte sie an den Haaren und riss ihr gleichzeitig den Mantel herunter. Dann schleifte er sie an den Haaren durch die Küche und stieß sie hinaus in den Regen, wo sie ausglitt und wieder auf die nasse Platte des Eingangs fiel. Schnell verbannte er den Anblick aus den Augen, indem er die Tür zuknallte.

« Das sollte ihr eine Lehre sein », sagte er. « Mit einem verheirateten Mann ein Verhältnis haben! Niemand soll sagen können, ich dulde so etwas. Die anderen Male drückte ich die Augen zu, als es wahrscheinlich der alte Molloy oder seinesgleichen war, der bereit gewesen wäre, notfalls für seine Fehler zu zahlen, doch für eine Sache wie diese will ich nicht gradestehen. »

« Bist du sicher, dass es Kedrigan war? »

"Ah! didn't you see the letter yourself! Wasn't it Sarah's writing'? And didn't Mrs Kedrigan herself give it to me this morning?"

"Sarah denied it, Pat," Joseph said. His spurt of courage had given out and his hands were shaking as he went to the window and pulled back a corner of the bleached and neatly-sewn square of a flour bag that served as a curtain.

"She did! And so did he, I suppose? Well, she can deny it somewhere else now."

"Where do you suppose she'll go?"

"She can go where she bloody well likes. And shut your mouth, you. Keep away from that window! Can't you sit down? Sit down, I tell you."

All this took place at nine o'clock on a Tuesday night. The next morning at seven o'clock, Oliver Kedrigan went to a fair in a neighbouring town where he bought a new ram. He had had his breakfast in the town and he wanted to get on with his work, but he went to the door of the kitchen to see his wife was all right and called in to her from the yard. "Katty! Hand me the tin of raddle. It's on top of the dresser."

Kathleen Kedrigan came to the door and she had the tin of raddle in her hand.

"You won't be troubled with any more letters," she said.

Oliver laughed self-consciously. "That's a good thing, anyhow," he said. "Hurry, give me the raddle."

His wife held the tin in her hand, but she didn't move. She leaned against the jamb of the door. "I see you didn't hear the news?"

"What news?"

«Ach, hast du den Brief nicht selber gesehen! War es nicht Sarahs Schrift? Und hat ihn nicht Frau Kedrigan selber mir heute Morgen gegeben?»

«Sarah streitet es ab, Pat», sagte Joseph. Seine Anwandlung von Mut war aufgebraucht und seine Hände zitterten, als er ans Fenster trat und einen Zipfel des ausgebleichten und sauber genähten Rechtecks eines Mehlsacks zurückzog, der als Vorhang diente.

«Sie hat's getan! Und er vermutlich auch? Nun, sie kann es jetzt anderswo abstreiten.»

«Wo, glaubst du, wird sie hingehen?»

«Sie kann hingehen, wo sie will, verdammt nochmal! Und halt du das Maul! Bleib von diesem Fenster weg! Kannst du dich nicht hinsetzen? Setz dich hin, sag ich.»

Das alles trug sich an einem Dienstagabend um neun Uhr zu. Am nächsten Morgen um sieben Uhr fuhr Oliver Kedrigan auf einen Markt in einer Nachbarstadt, wo er einen neuen Schafbock kaufte. Er hatte in der Stadt gefrühstückt und wollte nun wieder mit seiner Arbeit weitermachen, doch er ging zur Küchentür, um nachzusehen, ob es seiner Frau gut gehe, und rief ihr vom Hof her zu: «Katty! Bring mir bitte die Farbdose! Sie steht auf der Anrichte.»

Kathleen Kedrigan kam zur Tür und hatte die Dose in der Hand.

«Du wirst in Zukunft mit keinen weiteren Briefen mehr behelligt», sagte sie.

Oliver lachte mit festem Behagen. «Das ist ja jedenfalls was Gutes», sagte er. «Aber nun gib mir schnell die Farbe!»

Seine Frau hielt die Dose in der Hand, bewegte sich aber nicht. Sie lehnte sich gegen den Türpfosten. «Ich merke, du hast die Neuigkeit nicht gehört?»

«Was für eine Neuigkeit?»

"Sarah Murray got what was coming to her last night. Her brothers turned her out of the house, and threw out all her things after her."

Oliver's face darkened.

"That was a cruel class of thing for brothers to do. Where did she go?"

"She went where she and her likes belong; into a ditch on the side of the road!"

Oliver said nothing. His wife watched him closely and she clenched her hands. "You can spare your sympathy. She won't need it."

Oliver looked up.

"Where did she go?"

"Nowhere," Kathleen said slowly.

Oliver tried to think clearly. It had been a bad night, wet and windy. "She wasn't out all night in the rain?" he asked, a fierce light coming into his eyes.

"She was," Kathleen said, and she stared at him. "At least that's where they found her in the morning, dead as a rat. And the child dead beside her!"

Her pale eyes held his, and he stared uncomprehendingly into them. Then he looked down at her hand that held the tin of red sheep-raddle.

"Give me the raddle!" he said, but before she had time to hand it to him he yelled at her again. "Give me the raddle. Give it to me. What are you waiting for? Give me the Goddamn' stuff."

«Sarah Murray kriegte gestern Abend, was ihr gebührte. Ihre Brüder haben sie aus dem Haus geworfen und ihr alle ihre Sachen nachgeschmissen.»

Olivers Gesicht verdüsterte sich.

«Das war ein grausamer Akt, wenn Brüder so etwas tun. Wo ist sie hingegangen?

«Sie ging, wohin sie und ihresgleichen gehören; in einen Graben neben der Straße.»

Oliver sagte nichts. Seine Frau beobachtete ihn scharf und presste die Hände zusammen. «Du kannst dir dein Mitleid sparen. Sie wird es nicht brauchen.»

Oliver sah auf.

«Wohin ist sie denn gegangen?»

«Nirgendwohin», sagte Kathleen langsam.

Oliver versuchte klar zu denken. Es war eine schlimme Nacht gewesen, nass und windig. «Sie war doch nicht die ganze Nacht draußen im Regen?» wollte er wissen, während ein grimmiges Leuchten in seine Augen kam.

«Doch», sagte Kathleen und starrte ihn an. «Zumindest wurde sie dort morgens gefunden, mausetot. Und das Kind tot neben ihr.»

Ihre hellen Augen hielten seinem Blick stand, und er starrte verständnislos in diese Augen. Dann schaute er auf ihre Hand hinab, die die Dose Rötel zum Markieren der Schafe hielt.

«Gib mir die Farbe!» sagte er, doch ehe sie Zeit hatte, sie ihm zu geben, fauchte er sie wieder an: «Gib mir die Farbe! Gib sie mir! Worauf wartest du? Gib mir das verdammte Zeug!»

L.P. Hartley
Someone in the Lift

"There's someone coming down in the lift, Mummy!"

"No, my darling, you're wrong, there isn't."

"But I can see him through the bars – a tall gentleman."

"You think you can, but it's only a shadow. Now, you'll see, the lift's empty."

And it always was.

This piece of dialogue, or variations of it, had been repeated at intervals ever since Mr and Mrs Maldon and their son Peter had arrived at the Brompton Court Hotel, where, owing to a domestic crisis, they were going to spend Christmas. New to hotel life, the little boy had never seen a lift before and he was fascinated by it. When either of his parents pressed the button to summon it he would take up his stand some distance away to watch it coming down.

The ground floor had a high ceiling so the lift was visible for some seconds before it touched floor level: and it was then, at its first appearance, that Peter saw the figure. It was always in the same place, facing him in the left-hand corner. He couldn't see it plainly, of course, because of the double grille, the gate of the lift and the gate of the lift-shaft, both of which had to be firmly closed before the lift would work.

He had been told not to use the lift by himself – an unnecessary warning, because he connected the lift with the things that grown-up

L.P. Hartley
Jemand im Fahrstuhl

«Da kommt gerade jemand im Fahrstuhl herunter, Mutti!»

«Nein, Liebling, du irrst dich. Es kommt niemand.»

«Ich kann ihn aber durch das Gitter hindurch sehen – ein großer Herr.»

«Das meinst du bloß, aber es ist nur ein Schatten. Nun, du wirst ja sehen, dass der Fahrstuhl leer ist.»

Und er war immer leer.

Dieser Dialogfetzen oder Abwandlungen davon waren dann und wann wiederholt worden, seit Herr und Frau Maldon und ihr Sohn Peter im Brompton Court Hotel angekommen waren, wo sie wegen einer häuslichen Krise Weihnachten zu verbringen gedachten. Das Leben im Hotel war neu für den kleinen Jungen; er hatte nie zuvor einen Fahrstuhl gesehen und war von ihm sehr angetan. Wenn Vater oder Mutter den Knopf drückten, um ihn zu holen, stellte er sich meistens etwas entfernt davon hin und beobachtete, wie er herunterkam.

Das Erdgeschoß hatte eine hohe Decke, so dass der Fahrstuhl ein paar Sekunden lang sichtbar war, ehe er auf Fußbodenhöhe anhielt, und als er das erste Mal erschien, sah Peter die Gestalt. Sie befand sich immer an der gleichen Stelle, ihm gegenüber in der linken Ecke. Er konnte sie natürlich nicht klar sehen, wegen des doppelten Gitters, dem des Fahrstuhls und dem des Fahrstuhlschachtes, die beide fest geschlossen werden mussten, ehe der Fahrstuhl sich betätigen ließ.

Man hatte ihm aufgetragen, den Fahrstuhl nicht alleine zu benutzen – eine unnötige Warnung, weil er den Fahrstuhl mit den Dingen verband, die Erwachsene tun, und

people did, and unlike most small boys he wasn't over-anxious to share the privileges of his elders: he was content to wonder and admire. The lift appealed to him more as magic than as mechanism. Acceptance of magic made it possible for him to believe that the lift had an occupant when he first saw it, in spite of the demonstrable fact that when it came to rest, giving its fascinating click of finality, the occupant had disappeared.

"If you don't believe me, ask Daddy," his mother said.

Peter didn't want to do this, and for two reasons, one of which was easier to explain than the other.

"Daddy would say I was being silly," he said.

"Oh no, he wouldn't, he never says you're silly."

This was not quite true. Like all well-regulated modern fathers, Mr Maldon was aware of the danger of offending a son of tender years: the psychological results might be regrettable. But Freud or no Freud, fathers are still fathers, and sometimes when Peter irritated him Mr Maldon would let fly. Although he was fond of him, Peter's private vision of his father was of someone more authoritative and awe-inspiring than a stranger, seeing them together, would have guessed.

The other reason, which Peter didn't divulge, was more fantastic. He hadn't asked his father because, when his father was with him, he couldn't see the figure in the lift.

Mrs Maldon remembered the conversation and told her husband of it. "The lift's in a dark place," she said, "and I dare say he does see something, he's so much nearer to the ground than we are. The bars may cast a shadow and make a sort of pattern that we can't see. I don't know if it's frighten-

anders als die meisten kleinen Jungen war er nicht sonderlich erpicht darauf, an den Vorrechten seiner Angehörigen teilzuhaben: er war damit zufrieden, zu staunen, und zu bewundern. Der Fahrstuhl lockte ihn mehr als Zaubermittel denn als Mechanismus. Der Glaube an Zauberkräfte ermöglichte es ihm, als er den Fahrstuhl zum ersten Mal sah, anzunehmen, es sei jemand drinnen, trotz der beweisbaren Tatsache, dass der Betreffende verschwunden war, sobald der Fahrstuhl sein aufregendes und endgültiges ‹klick› machte und zum Stehen kam.

«Wenn du mir nicht glaubst, dann frag Vati», sagte seine Mutter.

Das wollte Peter nicht, und zwar aus zwei Gründen, von denen der eine leichter zu erklären war als der andere.

«Vati würde sagen, ich sei albern», antwortete er.

«Oh nein, er sagt nie, dass du albern bist.»

Das stimmte nicht ganz. Wie alle aufgeklärten Väter, war sich Herr Maldon der Gefahr bewusst, einen Sohn im zarten Alter zu verletzen: die psychischen Folgen könnten bedauerlich sein. Aber Freud hin, Freud her, Väter sind immer noch Väter, und manchmal wurde Mr Maldon grob, wenn sein Sohn ihn ärgerte. Obgleich Peter seinen Vater gern hatte, war dieser in seiner tief inneren Vorstellung in höherem Maße herrscherhaft und ehrfurchtgebietend, als ein Fremder, der die beiden zusammen sah, vermutet hätte.

Der andere Grund, den Peter nicht verriet, war verstiegener. Er hatte seinen Vater nicht gefragt, weil er, wenn der bei ihm war, die Gestalt im Fahrstuhl nicht sehen konnte.

Frau Maldon erinnerte sich an die Unterhaltung und erzählte ihrem Mann davon. «Der Fahrstuhl ist in einer dunklen Ecke», sagte sie, «und ich glaube allerdings, dass er etwas sieht. Er ist ja dem Boden so viel näher als wir. Möglicherweise werfen die Gitterstäbe einen Schatten und bilden eine Art Muster, das wir nicht sehen können. Ich

ing him, but you might have a word with him about it."

At first Peter was more interested than frightened. Then he began to evolve a theory. If the figure only appeared in his father's absence, didn't it follow that the figure might be, could be, must be, his own father? In what region of his consciousness Peter believed this it would be hard to say; but for imaginative purposes he did believe it and the figure became for him "Daddy in the lift'. The thought of Daddy in the lift did frighten him, and the neighbourhood of the lift-shaft, in which he felt compelled to hang about, became a place of dread.

Christmas Day was drawing near and the hotel began to deck itself with evergreens. Suspended at the foot of the staircase, in front of the lift, was a bunch of mistletoe, and it was this that gave Mr Maldon his idea.

As they were standing under it, waiting for the lift, he said to Peter:

"Your mother tells me you've seen someone in the lift who isn't there."

His voice sounded more accusing than he meant it to, and Peter shrank.

"Oh, not now," he said, truthfully enough. "Only sometimes."

"Your mother told me that you always saw it," his father said, again more sternly than he meant to. "And do you know who I think it may be?"

Caught by a gust of terror Peter cried, "Oh, please don't tell me!"

"Why, you silly boy," said his father reasonably. "Don't you want to know?"

Ashamed of his cowardice, Peter said he did.

"Why, it's Father Christmas, of course!"

weiß nicht, ob es ihn ängstigt, aber vielleicht redest du mal mit ihm darüber.»

Zuerst zeigte sich Peter eher aufmerksam als verängstigt. Dann begann er eine Theorie zu entwickeln. Wenn die Gestalt nur in Abwesenheit seines Vaters erschien, ergab sich daraus denn nicht, dass sie sein eigener Vater sein mochte, sein konnte, sein musste? In welchem Bereich seines Bewusstseins Peter das glaubte, wäre schwer zu sagen; doch aus Phantasiegründen glaubte er es, und die Gestalt wurde für ihn «Vati im Fahrstuhl». Der Gedanke an Vati im Fahrstuhl erschreckte ihn tatsächlich, und die Nähe des Fahrstuhlschachtes, wo er sich herumdrücken musste, wurde ein Ort der Angst.

Der Weihnachtstag rückte näher, und das Hotel fing an, sich mit Tannenreisig zu schmücken. Im untersten Abschnitt des Treppenhauses, vor dem Fahrstuhl, wurde ein Mistelstrauß aufgehängt, und der brachte Herrn Maldon auf seinen Einfall.

Als sie darunter standen und auf den Fahrstuhl warteten, sagte er zu Peter: «Deine Mutter hat mir erzählt, du hättest jemand im Fahrstuhl gesehen, der da gar nicht ist.»

Seine Stimme hört sich anklagender an als von ihm beabsichtigt, und Peter verschloss sich.

«Ach, jetzt nicht», sagte er, was ja stimmte. «Nur manchmal.»

«Deine Mutter hat mir erzählt, du sähest sie immer», sagte sein Vater, wiederum strenger, als er es meinte. «Und weißt du, wer das meiner Ansicht nach sein kann?»

Peter wurde von einem Angstausbruch erfasst und rief: «Ach, bitte, sag es mir nicht!»

«Nun, du alberner Bub», sagte sein Vater überlegt. «Willst du es denn nicht wissen?»

Peter schämte sich seiner Feigheit und sagte, er wolle es schon wissen.

«Nun, es ist natürlich der Weihnachtsmann!»

Relief surged through Peter.

"But doesn't Father Christmas come down the chimney?" he asked.

"That was in the old days. He doesn't now. Now he takes the lift!"

Peter thought a moment.

"Will you dress up as Father Christmas this year," he asked, "even though it's an hotel?"

"I might."

"And come down in the lift?"

"I shouldn't wonder."

After this Peter felt happier about the shadowy passenger behind the bars. Father Christmas couldn't hurt anyone, even if he was (as Peter now believed him to be) his own father. Peter was only six but he could remember two Christmas Eves when his father had dressed up as Santa Claus and given him a delicious thrill. He could hardly wait for this one, when the apparition in the corner would at last become a reality.

Alas, two days before Christmas Day the lift broke down. On every floor it served, and there were five (six counting the basement), the forbidding notice "Out of Order" dangled from the door-handle. Peter complained as loudly as anyone, though secretly, he couldn't have told why, he was glad that the lift no longer functioned, and he didn't mind climbing the four flights to his room, which opened out of his parents' room but had its own door too. By using the stairs, he met the workmen (he never knew on which floor they would be) and from them gleaned the latest news about the lift-crisis. They were working overtime, they told him, and were just as anxious as he to see the last of the job. Sometimes they even told

Erleichterung kam in Peter auf.

«Kommt denn der Weihnachtsmann nicht zum Schornstein herunter?» fragte er.

«Das war früher so. Heute nicht mehr. Jetzt benutzt er den Fahrstuhl.»

Peter überlegte einen Augenblick.

«Wirst du dich heuer als Weihnachtsmann verkleiden?» fragte er, «auch wenn dies ein Hotel ist?»

«Vielleicht.»

«Und im Fahrstuhl herunterkommen?»

«Das würde mich nicht wundern.»

Danach fühlte sich Peter froher in Gedanken an den schattenhaften Fahrgast hinter dem Gitter. Der Weihnachtsmann konnte niemandem etwas zuleide tun, selbst wenn es sein eigener Vater wäre (was er jetzt glaubte). Peter war erst sechs, doch er konnte sich an zwei Weihnachtsabende erinnern, an denen sein Vater, als Weihnachtsmann verkleidet, bei ihm ein köstliches Erschauern ausgelöst hatte. Er konnte diesmal kaum erwarten, dass die Erscheinung in der Ecke schließlich Wirklichkeit werde.

Leider hatte der Fahrstuhl zwei Tage vor dem Weihnachtstag eine Panne. In jedem Stockwerk, das er bediente, und es waren deren fünf (einschließlich Kellergeschoss sechs), hing vom Türgriff das abweisende Schild «Außer Betrieb». Peter beklagte sich so laut wie alle anderen, doch hätte er nicht sagen können, warum er sich insgeheim freute, dass der Fahrstuhl nicht mehr seinen Dienst tat. Es machte ihm nichts aus, die vier Treppen zu seinem Zimmer hochzusteigen, das eine eigene Tür, aber auch eine Verbindung zum Zimmer der Eltern hatte. Beim Benutzen der Treppe traf er auf die Arbeiter (er wusste nie, in welchem Stockwerk sie sich gerade aufhielten) und erfuhr von ihnen das Neueste über die Fahrstuhlpanne. Sie machten Überstunden, erzählten sie ihm, und waren genauso erpicht auf den Abschlusss der Arbeiten wie er. Manchmal sagten sie sogar zueinander,

each other to put a jerk into it. Always Peter asked them when they would be finished, and they always answered, "Christmas Eve at latest."

Peter didn't doubt this. To him the workmen were infallible, possessed of magic powers capable of suspending the ordinary laws that governed lifts. Look how they left the gates open, and shouted to each other up and down the awesome lift-shaft; paying as little attention to the other hotel visitors as if they didn't exist! Only to Peter did they vouchsafe a word.

But Christmas Eve came, the morning passed, the afternoon passed, and still the lift didn't go. The men were working with set faces and a controlled hurry in their movements; they didn't even return Peter's "Good night" when he passed them on his way to bed. Bed! He had begged to be allowed to stay up this once for dinner; he knew he wouldn't go to sleep, he said, till Father Christmas came. He lay awake, listening to the urgent voices of the men, wondering if each hammer-stroke would be the last; and then, just as the clamour was subsiding, he dropped off.

Dreaming, he felt adrift in time. Could it be midnight? No, because his parents had after all consented to his going down to dinner. Now was the time. Averting his eyes from the forbidden lift he stole downstairs. There was a clock in the hall, but it had stopped. In the dining-room there was another clock; but dared he go into the dining-room alone, with no one to guide him and everybody looking at him?

He ventured in, and there, at their table, which he couldn't always pick out, he saw his

sie wollten mit Schwung daran gehen. Stets wurden sie von Peter gefragt, wann sie fertig sein würden, und stets antworteten sie: « Spätestens am Weihnachtsabend. »

Peter zweifelte nicht daran. Für ihn waren die Arbeiter unfehlbar, ausgestattet mit geheimnisvollen Kräften und in der Lage, die gewöhnlichen Gesetze, die für Fahrstühle gelten, aufzuheben. Schauen Sie, wie sie die Gitter offen ließen und sich gegenseitig durch den furchteinflößenden Liftschacht etwas hinauf oder hinunter zuriefen und den anderen Hotelbesuchern so wenig Aufmerksamkeit schenkten, als wären diese nicht da! Nur Peter würdigten sie einer Antwort.

Doch der Weihnachtsabend kam, der Morgen verging, der Nachmitag verging, und noch immer war der Fahrstuhl nicht in Betrieb. Die Leute arbeiteten mit starren Gesichtszügen und beherrschter Eile in ihren Bewegungen; sie erwiderten nicht einmal Peters « Gute Nacht! », wenn er an ihnen vorbeischlich, um zu Bett zu gehen. Bett! Er hatte um die Erlaubnis gebeten, dieses eine Mal zum Abendessen aufbleiben zu dürfen; er wusste, er würde nicht einschlafen, sagte er, bis der Weihnachtsmann käme. Er lag wach, lauschte auf die drängenden Stimmen der Leute und wollte wissen, ob jeder Hammerschlag der letzte wäre, und dann, als der Lärm sich legte, schlief er ein.

Er träumte, er treibe in der Zeit umher. Konnte es Mitternacht sein? Nein, weil seine Eltern schließlich eingewilligt hatten, dass er zum Abendessen hinunterkam. Jetzt war es Zeit. Er wandte die Augen von dem verbotenen Schacht ab und schlich die Treppe hinunter. In der Empfangshalle war eine Uhr, aber sie war stehen geblieben. Im Speisesaal war noch eine Uhr; doch konnte er es wagen, allein den Speisesaal zu betreten, ohne Begleitung, während alle auf ihn schauten?

Er wagte sich hinein, und dort, an ihrem Tisch, den er nicht immer ausfindig machen konnte, sah er seine Mutter.

mother. She saw him, too, and came towards him, threading her way between the tables as if they were just bits of furniture, not alien islands under hostile sway.

"Darling," she said, "I couldn't find you – nobody could, but here you are!" She led him back and they sat down. "Daddy will be with us in a minute." The minutes passed; suddenly there was a crash. It seemed to come from within, from the kitchen perhaps. Smiles lit up the faces of the diners. A man at a near-by table laughed and said, "Some- thing's on the floor! Somebody'll be for it!" "What is it?" whispered Peter, too excited to speak out loud. "Is anyone hurt?" "Oh, no, darling, somebody's dropped a tray, that's all."

To Peter it seemed an anti-climax, this paltry accident that had stolen the thunder of his father's entry, for he didn't doubt that his father would come in as Father Christmas. The suspense was unbearable. Can I go into the hall and wait for him?" His mother hesitated and then said yes.

The hall was deserted, even the porter was off duty. Would it be fair, Peter wondered, or would it be cheating and doing himself out of a surprise, if he waited for Father Christmas by the lift? Magic has its rules which mustn't be disobeyed. But he was there now, at his old place in front of the lift; and the lift would come down if he pressed the button.

He knew he mustn't, that it was forbidden, that his father would be angry if he did; yet he reached up and pressed it.

But nothing happened, the lift didn't come, and why? Because some careless person had for-

Auch sie sah ihn und kam auf ihn zu, wobei sie sich den Weg zwischen den Tischen bahnte, als wären diese bloß Möbelstücke und nicht fremde Inseln unter feindlicher Herrschaft.

«Liebling», sagte sie, «ich konnte dich nicht finden – niemand konnte dich finden, doch da bist du ja!» Sie führte ihn zurück, und sie setzten sich. «Vati ist gleich hier.» Die Minuten vergingen; plötzlich gab es einen Krach. Er schien von drinnen zu kommen, vielleicht aus der Küche. Ein Lächeln erhellte die Gesichter der Gäste. Ein Mann an einem Nachbartisch sagte lachend: «Es ist etwas auf den Boden gefallen. Da sitzt jemand in der Pasche!» «Was ist los?» flüsterte Peter, der zu aufgeregt war, um laut zu sprechen. «Hat sich jemand weh getan?» «Oh nein, Liebling, jemand hat ein Tablett fallen lassen; das ist alles.»

Peter kam das wie ein Übergang vom Wichtigen zum weniger Wichtigen vor, dieser unbedeutende Vorfall, der Vater um seinen rauschenden Einzug gebracht hatte, denn er bezweifelte nicht, dass sein Vater als Weihnachtsmann kommen würde. Die Spannung war unerträglich. Darf ich in die Halle gehen und auf ihn warten?» Seine Mutter zögerte und sagte dann ja.

Die Halle war leer, sogar der Pförtner hatte dienstfrei. Wäre es angebracht, fragte sich Peter, oder würde er sich selbst betrügen und um eine Überraschung bringen, wenn er am Fahrstuhl auf den Weihnachtsmann wartete? Die Zauberei hat ihre Regeln, gegen die man nicht verstoßen darf. Doch er war jetzt hier, an seinem alten Platz vor dem Fahrstuhl; und der Fahrstuhl würde herabkommen, wenn er auf den Knopf drückte.

Er wusste, dass er das nicht durfte, dass es verboten war, dass sein Vater aufgebracht sein würde, wenn er es täte; und trotzdem langte er hinauf und drückte auf den Knopf.

Aber nichts geschah, der Fahrstuhl kam nicht, und warum? Weil irgendein nachlässiger Mensch vergessen hatte,

gotten to shut the gates – "monkeying with the lift", his father called it. Perhaps the workmen had forgotten, in their hurry to get home. There was only one thing to do – find out on which floor the gates had been left open, and then shut them.

On their own floor it was, and in his dream it didn't seem strange to Peter that the lift wasn't there, blocking the black hole of the lift-shaft, though he daren't look down it. The gates clicked to. Triumph possessed him, triumph lent him wings; he was back on the ground floor, with his finger on the button. A thrill of power such as he had never known ran through him when the machinery answered to his touch.

But what was this? The lift was coming up from below, not down from above, and there was something wrong with its roof – a jagged hole that let the light through. But the figure was there in its accustomed corner, and this time it hadn't disappeared, it was still there, he could see it through the mazy criss-cross of the bars, a figure in a red robe with white fur edges, and wearing a red cowl on its head: his father, Father Christmas, Daddy in the lift. But why didn't he look at Peter, and why was his white beard streaked with red?

The two grilles folded back when Peter pushed them. Toys were lying at his father's feet, but he couldn't touch them for they too were red, red and wet as the floor of the lift, red as the jag of lightning that tore through his brain...

die Gitter zu schließen – ‹mit dem Lift unvernünftig umgehen› nannte das sein Vater. Vielleicht hatten die Arbeiter es vergessen, weil sie schnell nach Hause kommen wollten. Da war nun nur eines zu tun – herauskriegen, in welchem Stockwerk die Gitter offen geblieben waren, und sie dann schließen.

Es war auf ihrem eigenen Stockwerk, und in seinem Traum kam es Peter nicht seltsam vor, dass der Fahrstuhl nicht da war und das schwarze Loch des Schachtes versperrte, obschon er nicht hinunterzuschauen wagte. Die Gitter schnappten zu. Er kam sich wie ein Sieger vor, der Sieg verlieh ihm Flügel; er war zurück im Erdgeschoss, mit dem Finger am Knopf. Ein Beben durchlief seinen Körper, eine nie gekannte Anwandlung von Macht, als der Mechanismus auf seine Berührung reagierte.

Doch was war das? Der Fahrstuhl kam von unten herauf, nicht von oben herab, und etwas stimmte nicht mit seiner Abdeckung – ein gezacktes Loch, welches das Licht durchließ. Doch die Gestalt war da in ihrer angestammten Ecke, und diesmal war sie nicht verschwunden. Sie war noch immer da, er konnte sie durch das Gewirr der kreuz und quer verlaufenden Gitterstäbe hindurch sehen, eine Gestalt in rotem Gewand mit weißem Pelzbesatz an den Rändern und einer roten Kapuze auf dem Kopf: sein Vater, der Weihnachtsmann, Vati im Fahrstuhl. Doch warum sah er Peter nicht an, und warum hatte sein weißer Bart rote Streifen?

Die beiden Gitter gingen wieder auseinander, als Peter dagegen drückte. Spielsachen lagen zu Vaters Füßen, aber er konnte sie nicht anlangen, denn auch sie waren rot, rot und feucht wie der Boden des Fahrstuhls, rot wie der Blitz, der durch sein Gehirn schoss…

Clemence Dane
The Dearly Beloved of Benjamin Cobb

It was a shock to see a clerical figure turning, with the air of an owner, into my old home. I rounded on the house-agent's clerk, a friendly enough creature, but new since my day.

"Does he live there? Why doesn't he live in the Rectory?"

"This is the Rectory – oh, you mean the old Rectory. Nobody lives there now – too near the churchyard."

"Do for me. I only want a place for week-ends."

"See it if you like, of course!" He turned resignedly up the road. "Not my place to crab it, but nobody's lived there these twenty years. Old Cobb was the last."

"Cobb? Little Mr Cobb?"

"Ah, you lived here once, of course! Know him?"

"A little. I was only a boy. I was never inside the house."

"Nor anyone else by all accounts. Character, the reverend was, eh?"

I nodded, but half hearing; for we had struck across the churchyard and I was puzzling over the altered look of the place. Yet the square of sky was still set like a turquoise in the belfry, the yew tree still held out propped arms, and the daisied hay of summer was undulating over the graves. But the oaks? now I had it! The oaks still stood in a row, but a row without purpose; for the hedge they had sentinelled was

Clemence Dane
Benjamin Cobbs Inniggeliebte

Ich war empört, als ich sah, wie eine Gestalt in geistlichem Gewand mit der Miene eines Eigentümers in mein altes Zuhause hineinging. Ich fuhr den Angestellten des Häusermaklers an, einen ziemlich netten Menschen, der aber zu meiner Zeit noch nicht da war.

«Wohnt der hier? Warum wohnt er nicht im Pfarrhaus?»

«Das ist das Pfarrhaus – oh, Sie meinen das alte Pfarrhaus. Dort wohnt jetzt niemand – zu nahe am Kirchhof.»

«Passt mir. Ich will nur eine Bleibe fürs Wochenende.»

«Natürlich können Sie sich's ansehen, wenn Sie wollen!» Er lenkte seine Schritte, ohne zu klagen, die Straße hinauf. «Es steht mir nicht zu, daran herumzunörgeln, doch in den letzten zwanzig Jahren hat dort niemand gewohnt. Der alte Cobb war der letzte.»

«Cobb? Der kleine Mr Cobb?»

«Ah, Sie haben hier einmal gewohnt, natürlich! Ihn gekannt?»

«Ein bisschen. Ich war noch ein Junge. Ich war nie im Haus drinnen.»

«Auch sonst niemand, nach allem, was erzählt wird. Hochwürden war ein sonderbarer Mensch, nicht wahr?»

Ich nickte, hörte aber nur halb hin; denn wir hatten den Weg über den Kirchhof eingeschlagen, und ich grübelte über den veränderten Anblick des Ortes nach. Aber das Quadrat des Himmels war noch immer wie ein Türkis in den Glockenturm gesetzt, die Eibe streckte noch immer abgestützte Arme aus, und das zum Mähen reife sommerliche Gras voller Gänseblümchen wogte über den Gräbern. Doch die Eichen? Jetzt hatte ich's! Die Eichen standen zwar noch in einer Reihe, aber in einer Reihe ohne Zweck; denn die Hecke, vor der sie Posten gestanden hatten,

gone and behind them extended a raw tract of white crosses and dying wreaths.

"Of course!" I decided aloud. "It's the field! They've taken in the Rectory field!"

"They'll take in the Rectory soon." He flung open the door in the high stone wall like a jailer unlocking a prison, and laughed, "Do for you, eh? It's empty."

"Swept and garnished," said I and stared.

There it stood, just as it stood in my memory, the one unfriendly house in that friendly land. With its sickly stucco, with its two sockets of blackness where the glass of the upper windows had been broken or removed, with its pinched and thrust-out porch like a fretful mouth, it still had its remembered appearance of a wicked human face. A piece of cloud skimming the blue overhead was reflected for the instant of its passing in a jag of pane, and it was as if an eyeball had rolled suspiciously in our direction. The grimy laurels still hedged its basements, the lean fir tree, always dying, yet never dead, still scrabbled with spindly fingers on the creeperless north wall. The stringy rosebush still bunted against the dining-room window, but its flowers were rotting under their caps of discoloured outer petals and its leaves without gloss were so wrinkled and sapless that you'd think the very blights must starve. The surrounding garden was a mere rubbish heap. It had been neat enough once: little Mr Cobb was his own gardener, and there had been a bed or two, and every spring, bean-

war weg, und hinter ihnen erstreckte sich eine öde Fläche weißer Kreuze und welkender Kränze.

«Natürlich!» stellte ich laut fest. «Es ist das Feld! Man hat das Pfarrfeld dazugenommen.»

«Man wird auch bald das Pfarrhaus dazunehmen.» Er riss die Tür in der hohen Steinmauer auf wie ein Kerkermeister, der ein Gefängnis aufsperrt, und lachte: «Sagt es Ihnen zu, ja? Es ist leer.»

«Gefegt und geschmückt», sagte ich und machte große Augen.

Da stand es, genauso wie es sich in meinem Gedächtnis eingeprägt hatte, das einzige unfreundliche Haus in diesem freundlichen Land. Mit seinem ekelhaften Stuck, mit seinen beiden dunklen Höhlen, in denen das Glas der oberen Fenster zerbrochen oder entfernt war, mit seinem zu dürftig geratenen, vorgebauten Portal, das an einen verdrießlichen Mund erinnerte, sah das Haus noch immer so aus, wie ich es in Erinnerung hatte: wie ein böses menschliches Gesicht. Ein Wolkenfetzen, der über die Bläue droben dahinglitt, spiegelte sich während des Augenblicks, in dem er vorüberzog, im Zacken einer Fensterscheibe, und es war, als hätte jemand einen Augapfel argwöhnisch in unsere Richtung gerollt. Noch immer bildeten die schmutzigen Rhododendronsträucher eine Hecke um die Grundmauern, noch immer kratzte die dürre Tanne, die dauernd am Dahinschwinden war, aber nie einging, mit dünnen, langen Fingern an der unberankten Nordwand. Noch immer rieb sich der zähe Rosenstrauch am Esszimmerfenster, doch seine Blüten verrotteten unter ihren Kappen farblos gewordener äußerer Blütenblätter, und die glanzlosen Blätter waren so verrunzelt und saftlos, dass man hätte meinen können, es müssten sogar die Mehltaupilze verhungern. Der umliegende Garten war ein bloßer Schutthaufen. Einst war er hinlänglich gepflegt gewesen: der kleine Mr Cobb war sein eigener Gärtner, es hatte ein oder zwei Beete gegeben, und

poles and taut string and a spatter of hopeful green; but I could see now that, even had the pence been less pitifully sparse, nothing could have fruited in such a place. "Cut down the trees!" faintly across the years I could hear my mother's indignant voice; but the wife of little Mr Cobb would not have even a dead twig broken from its branch. She had vouchsafed, in the early days of her marriage, with a snap of her fine eyes and a toss of her handsome head, that "she liked her privacy, thank you! *She* wasn't public property whatever her husband might be!" and with that snap and toss had shut yet another door upon herself for the rest of her life. The eighties were not tolerant of bad manners in one they considered an inferior, and all the world knew that little Mr Cobb had married beneath him. And so the weeded paths grew velvety with damp and the flowers were choked by the rank droppings from the all-encircling limes, and the Rectory remained fenced in from air and sunlight and the neighbours' eyes till it was as quiet there and hopeless as hell on Hallow-e'en.

I said "It's a marvel they stood it so long. Where are they living now, d'you know?"

"Living? They're dead," said the house-agent. "Dead years ago. Their grave's just over the wall." He swished a way for himself through the nettles to the low rampart that overlooked the churchyard, saying as he did so, with a nod at the house behind us, "They're pulling it down in the spring. Good thing too. D'you know you couldn't get a man

in jedem Frühjahr Bohnenstangen, straff gespannte Schnur und einen Spritzfleck voll hoffnungsvollem Grün; doch jetzt konnte ich sehen, dass an einem solchen Ort nichts hatte gedeihen können, selbst wenn das Kleingeld weniger beklagenswert knapp gewesen wäre. «Fällen Sie doch die Bäume!» so konnte ich schwach über die Jahre hinweg die entrüstete Stimme meiner Mutter hören; doch die Frau des kleinen Mr Cobb hätte nicht einmal ein totes Zweiglein von seinem Ast abbrechen lassen. Mit ihren schönen Augen vor Zorn funkelnd und ihren hübschen Kopf herumwerfend, hatte sie in den frühen Tagen ihrer Ehe sichergestellt, dass sie ihr Eigenleben liebe, wohlgemerkt! *Sie* sei kein öffentliches Eigentum, was immer ihr Gatte sein mochte – und mit diesem Blitzen der Augen und dieser Kopfbewegung hatte sie für den Rest ihres Lebens eine weitere Tür hinter sich zugeschlagen. Die achtziger Jahre übten keine Nachsicht gegenüber schlechten Umgangsformen bei jemandem, den man für rangniedriger hielt, und alle Leute wussten, dass der kleine Mr Cobb unter seiner Würde geheiratet hatte. Und so wurden die mit Unkraut überwachsenen Wege samtweich vor Feuchtigkeit, und die Blumen wurden erstickt von dem, was die alles umschlingenden Limonellen in reichem Maße abwarfen; das Pfarrhaus blieb gegen Luft und Sonne sowie die Augen der Nachbarn abgeschirmt, bis es dort so ruhig und trostlos war wie am Abend vor Allerheiligen in der Hölle.

Ich sagte: «Es ist ein Wunder, dass sie es so lange ausgehalten haben. Wissen Sie, wo sie jetzt leben?»

«Leben? Sie sind tot», sagte der Häusermakler. «Tot seit Jahren. Ihr Grab ist gleich hinter der Mauer.» Er bahnte sich einen Weg durch die Nesseln hin zu dem niedrigen Steinwall, der Aussicht auf den Kirchhof gewährt; währenddessen nickte er in Richtung auf das Haus hinter uns und sagte: «Im Frühjahr wird es abgerissen. Das ist auch gut so. Wissen Sie, dass kein Mann, keine Frau und kein

or woman or child to come through this gate after dark? Queer couple! They say she beat him."

"They say – they say!" I cried impatiently.

"Oh, well, some say it was him, of course, that he kept her locked up. They say if you'd come here, in the dark you know, that you'd see enough through those windows – "

"They sleep quiet, I should think," I said, leaning over to read the plain headstone lying almost under my feet. It ran:

Sacred to the memory of
BENJAMIN COBB,
for 25 years shepherd of this parish.
He entered into rest
on February 27th, 1903.
Also of
EILEEN,
his dearly beloved wife,
who died a week later.

And then in small letters half hidden by the daisies:

Judge not!

"Who had the sense to put that up?" I asked curiously.

"Sense? I don't know about sense. Old Miss Shepperley paid for it."

"The schoolmistress? Is she alive still?"

"Alive and kicking. Retired, of course. Lets lodgings. Now she might put you up for the time being. There's a place I'd like to show you tomorrow – that is, if you'll go to the hundred."

Kind zu bewegen war, nach Einbruch der Dunkelheit durch dieses Tor zu gehen? Ein sonderbares Paar! Es heißt, sie habe ihn geschlagen.»

«Es heißt – es heißt!» rief ich unwirsch.

«Oh, nun, einige sagen natürlich, dass er es war, der sie eingesperrt hielt. Es wird erzählt, man sähe genug durch jene Fenster hindurch, wenn man hierher käme, in der Dunkelheit natürlich...»

«Ich nehme an, dass sie ruhig schlafen», sagte ich und beugte mich hinüber, um die Inschrift des schlichten Grabsteins zu lesen, der fast vor meinen Füßen lag. Sie lautete:

Gewidmet dem Gedächtnis an
BENJAMIN COBB,
der 25 Jahre lang Hirte dieser Pfarrei war.
Er ging ein in den Frieden des Herrn
am 27. Februar 1903.
Ebenso dem Gedächtnis an
EILEEN,
seine innig geliebte Frau,
die eine Woche später verschied.

Und dann in klein gehaltenen, halb durch die Gänseblümchen versteckten Buchstaben:

Richtet nicht!

«Wer war so klug, den aufzustellen?» fragte ich neugierig.

«Klug? ich weiß nicht, was daran klug sein soll. Die alte Miss Shepperley hat dafür bezahlt.»

«Die Lehrerin? Lebt sie noch?»

«Gesund und munter. Im Ruhestand natürlich. Vermietet Wohnungen. Die könnte Sie jetzt einstweilen aufnehmen. Es ist eine frei, die ich ihnen morgen gern zeigen würde – das heißt, wenn Sie bis hundert ausgeben wollen.»

"A hundred's my limit. So she put it up, did she?"

"She did. Her own expense too. Would do it. 'Penance' was the word she used, they tell me."

"Penance? She was always good friends with the Rector?"

"Ah, but who wasn't, so far as I make out? They say when the end came –"

But at that I broke in with a promise to look over the house at a hundred the next day, and so got rid of him. I didn't want to hear of little Mr Cobb's end from that hearsay stranger.

Long forgotten, gallant little Mr Cobb! All through the flowery walk he danced ahead of me, a black-frocked shadow with arms and legs and coat-tails all at work to hurry him. He was always in a hurry, was little Mr Cobb, always so eager to get his day's work done, always so joyous in his return to his uncertain welcome; yet always (looking back, that fact stood out very clearly) so determined that not a jot of that work should be ill done, unfitted for it as he must have known himself to be. A successful clergyman must, I suppose, have something of the actor in him and something of the woman, and little Mr Cobb was pure masculine, stubborn, truthful, precise; yet if he were no Whitefield, at least his parish was properly patrolled and his church as well kept as his surplice. The village vowed that he had but one and that he washed it himself. "The more credit to him!" said my mother hotly when this reached her; for it was always spotless. When he trotted about the altar in it, zealous and unsmiling,

«Hundert ist für mich die Grenze. Sie hat ihn also aufgestellt, nicht wahr?»

«Ja. Auch auf ihre eigenen Kosten. Tat das einfach. ‹Buße› war das Wort, das sie verwendete, heißt es.»

«Buße? Sie stand doch mit dem Pfarrherrn immer auf gutem Fuß?»

«Ach, wer stand denn mit ihm nicht auf gutem Fuß, soweit ich weiß? Man sagt, als das Ende kam… »

Doch an dieser Stelle unterbrach ich und versprach, mir am nächsten Tag das Haus zu hundert anzusehen, und so wurde ich ihn los. Ich wollte vom Ende des kleinen Mr Cobb nicht durch diesen Fremden unterrichtet werden, der nur vom Hörensagen Bescheid wusste.

Lang vergessen, der tapfere kleine Mr Cobb! Während des ganzen Spaziergangs durch die Blumenfülle tanzte er vor mir her, ein schwarzgewandeter Schatten, bei dem Arme, Beine und Rockschöße ständig arbeiteten, um ihn zu anzutreiben. Er hatte es immer eilig, der kleine Mr Cobb, war stets so beflissen, sein Tagewerk zu erledigen, stets so voll Freude, wenn er auch nicht ahnte, wie er empfangen werden würde; und doch immer (im Rückblick wurde diese Tatsache sehr deutlich) so entschlossen, dass kein Tüpfelchen dieser Arbeit schlecht getan werde, wenngleich er gewusst haben musste, dass er dafür ungeeignet war. Ein erfolgreicher Geistlicher muss vermutlich etwas von einem Schauspieler in sich haben und etwas von einer Frau, und der kleine Mr Cobb war rein männlich, hartnäckig, wahrheitsliebend, genau; doch wenn er auch kein Whitefield war, so wachte er über seine Pfarrgemeinde zumindest, wie es sich gehörte und hielt seine Kirche ebenso gut in Schuss wie seinen Chorrock. Das Dorf erklärte ernsthaft, er habe nur einen einzigen, und den wasche er selbst. «Das ehrt ihn umso mehr!» sagte meine Mutter zornig, als ihr dies zu Ohren kam; denn der Chorrock war stets makellos. Wenn der Pfarrer im Chorrock am Altar herumwuselte, ge-

he always reminded me of good dog Toby in a Punch-and-Judy show enduring his ruff and standing soberly on his head. Sometimes indeed we wished that he were a little less thorough: from "When the wicked man" to "Remain with you always" he spared us nothing: we progressed every Sunday through prayers, psalms, Litany, Communion and three full-length hymns though characteristically he took them at the briskest of paces and his sermons were short and pithy. Only two or three times a year was the programme varied. When little Mr Cobb sailed up the nave, his ceremonial bearing not even marred by those pouncing glances that detected whisperers or empty seats, when the reverend gallopade of the service slowed to a wedding march tempo and, final proof, the Te Deum gave place to the interminable Benedicite, we children would nod at each other and, daring nurse, turn in our seats to stare; for "O all ye works of the Lord!" was a certain sign that the legendary Mrs Cobb was in the Rectory pew. Why the Benedicite should appeal to him on such occasions we did not stress: I suppose its triumphant echoes have little meaning to childish ears; but to me it is plain enough now. Little Mr Cobb was spreading his feathers in the eyes of his mate, eagerly proving that he could hold his congregation, that he could be master in his own church. Little Mr Cobb was showing off to his dearly beloved.

"The dearly beloved!" Ever since I can remember it was the parish's nickname for the Rector's wife. Provoked by some ill-considered loyalty of his, born between a sneer and a smile at some

schäftig und ohne zu lächeln, erinnerte er mich immer an den guten Hund Toby in einem Kasperletheater, der seine Halskrause erduldete und ruhig auf dem Kopf stand. Manchmal wünschten wir ihn uns in der Tat ein bisschen weniger gründlich: von «Wenn der böse Mensch» bis zum «Bleibe immer bei euch» ersparte er uns nichts: jeden Sonntag die Abfolge von Gebeten, Psalmen, Litanei, Kommunion und drei Kirchenliedern in voller Länge, obgleich er das alles bezeichnenderweise im flottesten Tempo abspulte, und obgleich seine Predigten kurz und markig waren. Nur zwei- oder dreimal im Jahr war das Programm geändert. Wenn der kleine Mr Cobb das Kirchenschiff entlangschritt, wobei sein feierliches Auftreten nicht einmal durch jene Raubvogelblicke beeinträchtigt wurde, die Flüsterer oder leere Sitze entdeckten, wenn die ehrwürdige galoppartige Durchführung des Gottesdienstes sich zu einem Hochzeitsmarsch-Tempo verlangsamte und – letzter Beweis – dem Te Deum das endlose Danklied folgte, pflegten wir Kinder am anderen Ende uns zuzunicken und uns, dem Kindermädchen trotzend, auf unseren Plätzen umzudrehen, um zu gaffen; denn «Oh all ihr Werke des Herrn!» war ein sicheres Zeichen, dass Mrs Cobb, von der man sich so viel erzählte, im Kirchenstuhl des Pfarrers saß. Warum bei solchen Gelegenheiten das Danklied ihn so anrührte, errieten wir nicht: vermutlich haben dessen siegverkündende leise Wiederholungen für Kinderohren wenig Bedeutung; aber heute ist mir das klar genug. Der kleine Mr Cobb spreizte vor den Augen seiner Ehegefährtin die Federn, um lebhaft zu beweisen, dass er seine Gemeinde fesseln, dass er Herr in seiner eigenen Kirche sein konnte. Der kleine Mr Cobb spielte sich vor seiner Inniggeliebten auf.

«Die Inniggeliebte!» Seit ich mich erinnern kann, war das der Spitzname der Gemeinde für die Pfarrfrau. Ausgelöst durch eine unbesonnene Treue seitens des Pfarrherrn, entstanden zwischen einer Spöttelei und einem

tea-table gathering, it was kept alive, long after the irritation had been forgotten, by his own habit of never referring to her without some tender qualification:

"My dear wife is inclined to think – "

"As my beloved wife always feels – "

And once, on that dreadful night when he had come to us with head held very straight and a painful flush on his leathery cheek, to beg a sofa to sleep on, it had been "My dear wife, as you know, suffers greatly in health. At such times, Eileen – my wife, that is – my dearly beloved wife – is not herself. At such times –" and so broke off with a twitching lip. What between the little man's shame and pride, and chattering teeth, for he was drenched to the skin, it took my father ten minutes to realize that the woman had locked him out of the house to spend the bitter March night as he could. He had not the keys of the church, he explained, or he would not have troubled them – no, he would not go to bed – if he might sit by the fire till morning – he must be gone early, his wife would be wanting him then. And at that, confidentially, over a glass of port, sipped with judgement "Nerves, my dear sir! It's her nerves! They exhaust her. They make her wretched."

He was so obviously distressed at the idea that anyone should sit up with him that my people in the end went off to bed, leaving him with his feet on the hob and an eiderdown tucked round him: and when in the morning my mother stole down before the servants were awake to make him a cup of tea, he looked so

Lächeln bei irgendeiner Teegesellschaft, wurde er beibehalten, lange nachdem die Verärgerung in Vergessenheit geraten war, und zwar weil Mr Cobb die Gewohnheit hatte, nie ohne eine zärtliche Bezeichnung von seiner Frau zu sprechen:

«Meine liebe Frau ist geneigt zu glauben...»

«Wie meine geliebte Frau immer spürt...»

Und einmal, in jener fürchterlichen Nacht, als er zu uns gekommen war, mit sehr gerade gehaltenem Kopf und peinlicher Röte auf seiner lederartigen Wange, und darum bat, auf einem Sofa schlafen zu dürfen, hatte er sich so geäußert: «Wie Sie wissen, steht es mit der Gesundheit meiner lieben Frau nicht zum besten. In solchen Zeiten ist Eileen – meine Frau nämlich – meine innig geliebte Frau – nicht sie selbst. In solchen Zeiten...» Hier brach er mit zuckender Lippe ab. Den Zusammenhang zwischen Scham, Stolz und Zähneklappern des kleinen Mannes, denn Mr Cobb war bis auf die Haut durchnässt – mein Vater brauchte zehn Minuten, um zu merken, dass die Frau ihn aus dem Haus gesperrt hatte, damit er die bitterkalte Märznacht verbringe, wie er eben konnte. Er habe nicht die Schlüssel zur Kirche, erklärte er, sonst hätte er ihnen keine Umstände gemacht – nein, er wolle sich nicht schlafen legen – wenn er bis zum Morgen am Feuer sitzen dürfte – er müsse frühzeitig fort, seine Frau würde ihn dann brauchen. Und dabei, vertraulich, über einem Glas Portwein, das er mit Verstand schlürfte: «Nerven, mein lieber Herr! Es sind ihre Nerven. Die machen sie fertig. Die machen sie elend.»

Er war so offensichtlich bedrückt von dem Gedanken, jemand würde zusammen mit ihm aufbleiben, dass meine Leute schließlich zu Bett gingen und ihn allein ließen; er hatte die Füße auf dem Kaminvorsprung und eine Daunendecke um sich herum geschlagen; und als meine Mutter sich am Morgen herunterschlich, um ihm eine Tasse Tee zu machen, noch ehe die Diener wach waren, blickte er so

surprised and, decorous good man, so shocked, that she did not know whether to laugh or cry at him and was forced to call down my father. And then between them they sent him off with a good breakfast inside him to what he called his home.

Gallant little Mr Cobb! Turning for a last look at the Rectory, I almost thought I saw him standing once more in the gaping door-hole, and with him my small self of long ago caught in the very act of unlawful entry. I could almost hear his voice, quick and harsh, as if he, not I were the startled one, "Shouldn't play here, you know! No place for children. Where's your mother?"

I pointed dumbly to a corner of the bloomy hedge where Mother and my cousins were sitting stringing cowslips, and then and there he marched me off to them, his hand still on my shoulder. My mother must have guessed that something was wrong, for she got up, scattering flowers and children, and came through the long grass to meet us.

"Why, Hughie –" she began quickly, but her eyes were on little Mr Cobb, and it was then that I first realized that grown-up people have a language of glances.

He gave me a friendly push towards her.

"I've had a visitor. But I'm telling him, Mrs James, my garden's no place to play in. Too damp, eh?" And then as I jogged off to join the others I heard a hurried undertone – "Mustn't let him come, my dear! Not a place for children! No, no, no! Not a place for children!"

Not a place for children indeed, I thought,

überrascht und entsetzt drein, der wohlanständige gute Mann, dass sie nicht wusste, ob sie über ihn lachen oder weinen sollte und gezwungen war, meinen Vater herabzurufen. Und nachdem sie ihn gemeinsam mit einem guten Frühstück versorgt hatten, schickten sie ihn fort zu dem, was er sein Heim nannte.

Tapferer kleiner Mr Cobb! Als ich mich umwandte und einen letzten Blick auf das Pfarrhaus warf, glaubte ich fast zu sehen, wie er wieder einmal in der aufgerissenen Türöffnung stand, zusammen mit dem kleinen Kerl von einst, der ich war, als ich auf frischer Tat bei dem unbefugten Zutritt erwischt wurde. Ich konnte beinah seine Stimme hören, die reizbar und hart klang, als wäre er und nicht ich der Überraschte: «Solltest doch hier nicht spielen! Kein Platz für Kinder. Wo ist deine Mutter?»

Ich zeigte stumm auf einen Winkel in der blühenden Hecke, wo meine Mutter und meine Cousinen saßen und duftende Schlüsselblumen aufreihten, und sofort führte er mich zu ihnen hin, die Hand noch immer auf meiner Schulter. Meine Mutter muss geahnt haben, dass irgend etwas nicht in Ordnung war, denn sie stand auf, schob Blumen und Kinder zur Seite und kam uns durch das lange Gras entgegen.

«Na, Hughie...», begann sie rasch, doch ihre Augen waren auf den kleinen Mr Cobb gerichtet, und da erkannte ich erstmals, dass Erwachsene eine Sprache der Blicke haben.

Er gab mir einen freundschaftlichen Schubs auf sie zu. «Ich hatte Besuch. Aber ich habe ihm eben gesagt, Mrs James, dass mein Garten kein Spielplatz ist. Zu feucht, ja?» Und als ich weglief, um mich den anderen anzuschließen, hörte ich einen gehetzten gedämpften Ton: «Dürfen ihn nicht kommen lassen, meine Liebe! Kein Platz für Kinder! Nein, nein, nein! Kein Platz für Kinder!»

Wirklich kein Platz für Kinder, dachte ich, während ich

as I recalled my one other glimpse of that forbidden ground. I must have been older, for I was sent, I think, to leave a note, and I remember the more sophisticated thrill with which I started out, my curiosity so whetted by the recollection of all the fragments of evil gossip I had heard, that my sister's "I dare you to go in: I dare you to wait for an answer: I dare you to!" was scarcely needed. Indeed I reached the laurels by the bow window before my courage failed me and, at a movement within, I dived into the bushes to watch and get my breath before attempting the final venture of the doorstep and the knocker.

They were both at home. He was sitting at his desk, writing his sermon I imagine, for it was a Saturday, and she was trimming a hat with the invariable pink roses. I remember that particularly because I thought to myself, What did she want a hat for when she never went out? And when she had finished she put it down and said something. I saw her lips shaping the words that I could not hear. He turned to her and smiled. He must have said that it was pretty, for she smiled back at him and put it on her head and began twisting the bows about as if she were pleased. At that, with such a brightening eye, he said something again, quickly, jerking his head towards the church. But she frowned and shook her head, and as he went on talking with pleasant urgent gestures, flung off the hat so roughly that it tumbled from the sofa to the floor, and then, as he

mich an den einen weiteren Blick auf dieses verbotene Gelände erinnerte. Ich muss älter gewesen sein, denn man schickte mich, glaube ich, dorthin, um eine Nachricht zu hinterlassen, und ich entsinne mich der eher gekünstelten Erregung, mit der ich mich auf den Weg machte, weil meine Neugier durch die Erinnerung an all die Brocken bösen Geredes, die ich gehört hatte, so geschärft war, dass es der Worte meiner Schwester « Ich fordere dich auf, hineinzugehen; ich fordere dich auf, eine Antwort abzuwarten; ich fordere dich dazu auf ! » kaum bedurfte. Tatsächlich gelangte ich bis zu den Rhododendronbüschen am gerundeten Erker, ehe mir der Mut sank, und als sich drinnen etwas bewegte, tauchte ich in die Büsche, um zu lauern und wieder zu Atem zu kommen, ehe ich daran ging, mich endlich zur Türschwelle und zum Türklopfer zu wagen.

Sie waren beide zu Hause. Er saß gerade an seinem Schreibtisch und schrieb, stelle ich mir vor, seine Predigt, denn es war Sonnabend, und sie verzierte einen Hut mit den stets gleichen hellroten Rosen. Daran erinnere ich mich besonders, weil ich mir dachte: Wozu brauchte sie einen Hut, wenn sie nie ausging? Und als sie fertig war, legte sie ihn hin und sagte etwas. Ich sah, wie ihre Lippen die Worte formten, die ich nicht hören konnte. Er wandte sich ihr zu und lächelte. Er muss gesagt haben, dass der Hut hübsch sei, denn sie lächelte zurück, setzte ihn auf und begann, die Schleifen herumzuwinden, als wäre sie zufrieden. Dabei sagte er geschwind wieder etwas, mit so einem strahlenden Blick, und deutete mit seinem Kopf zur Kirche hin. Doch sie runzelte die Stirn und schüttelte den Kopf, und als er mit liebenswürdigen, eindringlichen Gesten weiterplauderte, schleuderte sie den Hut so heftig davon, dass er vom Sofa auf den Boden rollte; als sich dann ihr Mann danach bückte, lachte sie ihn aus – ein gehässiges Lachen, das ich durchs geschlossene Fenster hören konnte. Ich beobachtete, dass er sich aufrichtete, den Hut so bedachtsam weglegte

stooped for it, laughed at him, a hateful loud laugh that I could hear through the shut window. I watched him straighten himself, put down the hat so carefully and look at her with a shutting off of the brightness of his face that touched me. It was like the shutting off of sunlight on a gleamy day of spring. I knew the look so well, and with a stricken conscience, for it was just the way my own mother looked at me when I wouldn't be good. I felt horribly ashamed for her. He spoke a word: it must have been her name; but she merely looked him over insolently and, turning, flounced out of the room. She left the door wide behind her, and I was so busy peering down the passage, so busy storing impressions to tell the others, that I forgot little Mr Cobb. He must have sat himself down to his writing at once, for he was hard at work when his wife returned, still with that leaden look on her face and in her hands a tray of dinner-things. She swept the tablecloth into a corner and flung on another, carelessly, so that one end dipped to the floor. Even through the closed window I could hear the maddening clatter with which she dumped the tray upon the sideboard and tossed the crockery and utensils into place. She was like an ill-broken mare we had once possessed and sold again after it had nearly killed my father. I watched her eye glint at her husband after each provocation and her mouth take an uglier line because he would not heed. For he wrote on, drawing aside his chair to give her passage when she pushed rudely by him, and catching at his papers without a word when a swing of her hips in passing would have whirled them to the floor. His expression did not change: he still worried patiently

und sie anblickte: aus seinem Gesicht war das Strahlen gewichen, das mich anrührte. Es war, als würde an einem leuchtenden Frühlingstag der Sonnenschein ausgesperrt. Ich kannte den Blick so gut und hatte Gewissensbisse, denn genauso blickte mich meine Mutter immer an, wenn ich nicht artig war. Ich schämte mich fürchterlich für die Pfarrfrau. Er sagte ein Wort: es muss ihr Name gewesen sein; doch sie musterte ihn bloß frech, drehte sich um und stürmte aus dem Zimmer. Sie ließ die Tür hinter sich weit offen, und ich spähte jetzt so beflissen den Gang entlang und sammelte so hingebungsvoll Eindrücke, um den anderen zu berichten, dass ich den kleinen Mr Cobb vergaß. Er muss sich sofort wieder zum Schreiben hingesetzt haben, denn er war fest bei der Arbeit, als, immer noch mit jenem bleiernen Gesichtsausdruck, seine Frau zurückkam, in den Händen ein Tablett voller Sachen fürs Essen. Sie feuerte das Tischtuch in eine Ecke und schleuderte ein anderes über den Tisch, nachlässig, so dass ein Zipfel den Boden berührte. Sogar durch das geschlossene Fenster hindurch konnte ich das aufreizende Klirren hören, mit dem sie das Tablett auf die Anrichte plumpsen ließ und Geschirr und Gerätschaft an den jeweiligen Platz knallte. Die Frau war wie eine schlecht gezähmte Stute, die wir einmal besessen und wieder verkauft hatten, nachdem sie meinen Vater beinahe getötet hätte. Ich beobachtete, dass sie nach jeder Herausforderung ihrem Gatten einen funkelnden Blick zuwarf und dass ihr Mund eine hässlichere Form annahm, weil der Mann keine Notiz davon nehmen wollte. Denn er schrieb weiter, rückte seinen Stuhl zur Seite, um sie durchzulassen, sobald sie sich schroff an ihm vorbeidrückte und er, ohne ein Wort zu sagen, nach seinen Papieren haschte, wenn ein Schwung ihrer Hüften im Vorbeigehen diese zu Boden gewirbelt hätte. Sein Gesichtsausdruck änderte sich nicht: Mr Cobb mühte sich noch immer geduldig und drollig mit seiner Feder ab wie ein Terrier mit einem Stock;

and funnily at his pen like a terrier worrying at a stick; but something in the stoop of his shoulders made me feel indignant. She had the meal ready at last, and told him so with one movement of the lips: and so slouched to her place and sat down, digging her chin into her fist and letting her other hand and arm sprawl out across the table so that a glass tipped and the ugly bone spoon was flicked out of the cellar in a spray of salt.

For a moment the room was perfectly still, with the two souls in it sitting like statues, she at the table and he at his shabby desk. Then she flung at him, over her shoulder, "Am I to wait all day?" – one read the words on her pressed lips, her flattened eyelids, her nostrils twitching like a cat's tail: He rose at that, rubbing his hands, with a touch of apology in his cheerful smile, a touch too much of sprightliness in his step, and sat down at the end of the table with his back to me. He bowed his head for grace, picked up the carving knife and fork and set them down again: then ensued once more one of their odd pauses, and I saw his hand slip out and close over hers. But at that she started up like a mad creature, caught up the heavy cover in front of her and flung it straight at him. It missed him by an inch and crashed through the window into the bushes at my feet. I was too frightened to move. I could hear now as well as see, and the torrent of words that poured from her lips dazed me – words that had no meaning, words that stuck in one's mind like one's first sight of blood, or beastliness, or death.

doch etwas an seiner gebeugten Schulterhaltung ließ in mir Entrüstung aufkommen. Die Frau hatte schließlich die Mahlzeit fertig und gab ihm das mit einer einzigen Lippenbewegung zu verstehen. Nun begab sie sich vornübergebeugt an ihren Platz, setzte sich, vergrub ihr Kinn in die Faust und ließ die andere Hand und den Arm über den Tisch sich hinfläzen, so dass ein Glas umkippte und der hässliche beinerne Löffel aus dem Salzfässchen geschnellt wurde und Salz versprühte.

Einen Augenblick lang war es in dem Zimmer vollkommen still; die zwei Leute drinnen saßen wie Statuen da, sie am Esstisch, und er an seinem schäbigen Schreibtisch. Dann fauchte sie ihn, über ihre Schulter hinweg, an: « Soll ich den ganzen Tag warten? » – man las ihr die Worte von den zusammengekniffenen Lippen ab; ihre gesenkten Augenlider und ihre Nasenflügel zuckten wie ein Katzenschwanz. Nun stand er auf, rieb sich die Hände, wobei sein heiteres Lächeln einen Anflug von Entschuldigung ausdrückte und in seinem Schritt eine Spur zuviel an Munterkeit lag, und setzte sich, mir den Rücken zuwendend, an das Ende des Tisches. Er senkte den Kopf, um das Tischgebet zu sprechen, nahm Messer und Gabel in die Hand und legte sie wieder ab; dann folgte wiederum eine ihrer seltsamen Pausen, und ich sah seine Hand hinübergleiten und sich um die ihre schließen. Doch bei dieser Berührung fuhr sie empor wie eine Irre, nahm den vor ihr liegenden schweren Deckel und schleuderte ihn einfach ihm entgegen. Der Deckel verfehlte ihn nur um eine Handbreite und krachte durch das Fenster in die Büsche, mir vor die Füße. Ich war zu erschreckt, als dass ich mich bewegt hätte. Jetzt konnte ich genauso hören wie sehen, und der Schwall von Wörtern, die ihr über die Lippen kamen, lähmte mich – Wörter, die keine Bedeutung hatten, Wörter, die einem im Gedächtnis haften blieben wie der erste Anblick von Blut oder Roheit oder Tod.

He let her talk, with no more in the pauses of her passion than a low "Eileen! Eileen!" and suddenly it was over, as a thunderstorm is over, and she dropped limp and exhausted in her chair. Then to my amazement he went swiftly to her (I wondered awesomely what he was going to do to her), and she caught at him with both her hands as if she were dragging herself out of a pit and, with a little gasping cry, down went her head on his shoulder and her eyes closed. In an instant he had his arms round her and half lifted, half dragged her to the horsehair sofa. I thought, I remember, that he looked very funny dragging that big woman about. I heard her say – "Don't go!" And then, "Benjy, I didn't mean – "

He shook up a pillow and pulled a rug over her, a bright patchwork thing that distracted my attention for a moment; for our nurse used to make patchwork quilts, and it was the fashion among us children to collect scraps of silk for her. When I had time for those strange actors in my play, little Mr Cobb was busy with a sandwich and a plate and was urging her to eat and drink. But she wouldn't touch it. She said – I could hear her clearly enough now –, "Leave me alone! Oh, can't you leave me alone!" and in the same breath "Don't go!"

He was murmuring in a distressed voice something about an appointment in the village and "You now, my dear, that's why we had lunch so early."

She gave him a gleaming look and said again "Don't go!"

But he only said with mild finality "My dear, you know I must!" and hunted forth his shovel hat from a cupboard in the wall. I can see now, as

Er ließ sie reden, ohne dass er während der Pausen zwischen ihrem leidenschaftlichen Gefühlsausbruch mehr sagte als ein leises « Eileen ! Eileen ! », und plötzlich war dieser vorbei, wie ein Gewitter vorbei ist, und sie ließ sich schlaff und erschöpft auf ihren Stuhl fallen. Dann ging er zu meinem Erstaunen schnell auf sie zu (ich fragte mich scheu, was er ihr jetzt antun würde), und sie packte ihn mit beiden Händen, als zöge sie sich selbst aus einer Grube, und mit einem leisen, schmachtenden Laut senkte sich ihr Kopf auf seine Schulter, und ihre Augen schlossen sich. Sofort hatte er seine Arme um sie geschlungen, und halb hob er sie hoch, halb zerrte er sie zum Rosshaarsofa. Ich dachte mir, so entsinne ich mich, dass er sehr komisch aussah, wie er diese große Frau herumschleifte. Ich hörte sie sagen: « Geh nicht fort ! » Und dann: « Benji, ich wollte nicht... »

Er schüttelte ein Kissen auf und breitete eine Decke über sie, eine Flickendecke in lebhaften Farben, die einen Augenblick lang meine Aufmerksamkeit ablenkte; denn unsere Kinderfrau pflegte Flickendecken anzufertigen, und unter uns Kindern war es üblich, Seidenreste für sie zu sammeln. Als ich für jene seltsamen Schauspieler in meinem Stück Zeit hatte, war der kleine Mr Cobb eifrig mit einem belegten Brötchen und einem Teller beschäftigt und drängte sie, zu essen und zu trinken. Doch sie wollte es nicht anrühren. Sie sagte – ich konnte sie jetzt deutlich genug hören –: « Lass mich in Ruhe ! Oh, kannst du mich nicht in Ruhe lassen ! » und im gleichen Atemzug: « Geh nicht fort ! »

Er murmelte mit bekümmerter Stimme etwas von einer Verabredung im Dorf und sagte: « Du weißt, meine Liebe, dass wir ja deswegen so früh gegessen haben. »

Sie warf ihm einen funkelnden Blick zu und sagte wieder: « Geh nicht fort ! »

Doch er antwortete nur mit milder Entschiedenheit « Meine Liebe, du weißt, dass ich muss » und holte eilig seinen Schaufelhut aus einem Wandschrank. Ich kann jetzt

my childish eyes could not see, how like his little speech was to his little self. I don't suppose that ever in his life it had occurred to him that it was possible to omit a duty even for her sake: maybe that fact was at the root of their misery.

She flounced back on to the sofa with "You never do anything to please me!" And at his cheerful "Why, it's only to the schools, my dear! I'll be back before you know I'm gone!" she would give him no answering smile. She said "I don't care if you never come back!" and as he hesitated in the doorway fumbling with his Prayerbooks, looking at her kindly, as if he hoped even then for another sort of speeding, she cried "Oh, do *go* if you're going!"

At that he went. I waited till he should have left the garden to make my escape. He came out by the front door and stood a moment on the ill-kept broken steps that betrayed his poverty, and I heard him say to himself very softly, "My poor girl! My poor girl!" and sigh. Then he jammed the shovel hat firmly down upon his head and jaunted off brisk as ever. I thought to myself that it was queer to call a lady older than mother a girl.

Miss Shepperley still lived opposite her schools, but the road there seemed much shorter than once it had been, and so I arrived as, it amused me to realize, I had always done, punctually at tea-time. Miss Shepperley didn't know me at first; but when she did we were very glad to see each other. In ten minutes I was in the same horsehair armchair that I used to sit in,

sehen, was meine Kinderaugen nicht sehen konnten: wie bezeichnend seine kurze Äußerung für sein kleines Ich war. Vermutlich war es ihm nie in seinem Leben in den Sinn gekommen, dass es möglich sei, sich einer Pflicht zu entziehen, selbst der eigenen Frau zuliebe. Vielleicht war diese Tatsache der Ursprung ihres Elends.

Sie warf sich auf dem Sofa zurück und rief: « Du tust nie etwas, um mir eine Freude zu machen! », und als er gutgelaunt bemerkte « Na, ich gehe doch nur zur Schule, meine Liebe. Ich werde zurück sein, ehe du weißt, dass ich weg bin! », da erwiderte sie sein Lächeln nicht. Sie sagte: « Ich mache mir nichts daraus, wenn du nie zurückkommst. » Und als er unter der Tür zögerte und mit seinen Gebetbüchern herumfummelte, wobei er sie liebenswürdig ansah, als erhoffte er sogar jetzt noch eine andere Art der Verabschiedung, rief sie: « Geh doch, wenn du gehen willst! »

Daraufhin ging er. Ich wartete, um mich aus dem Staub zu machen, bis er den Garten verlassen hatte. Er kam zur Haustür heraus und blieb einen Augenblick lang auf den ungepflegten, zerbrochenen Stufen stehen, die seine Armut verrieten, und ich hörte ihn sehr sanft zu sich selber sagen: « Mein armes Mädchen! Mein armes Mädchen! » und dabei seufzen. Dann klemmte er den Schaufelhut fest auf den Kopf und machte sich auf den Weg, lebhaft wie immer. Ich dachte für mich, es sei doch sonderbar, eine Dame, die älter war als Mutter, Mädchen zu nennen.

Miss Shepperley wohnte noch gegenüber ihrer Schule, aber der Weg dorthin schien viel kürzer zu sein als ehedem; daher traf ich, stellte ich belustigt fest, pünktlich zum Tee ein, wie das bei mir immer gewesen war. Miss Shepperley erkannte mich zuerst nicht; doch als sie mich erkannte, freuten wir uns sehr, uns zu sehen. Innerhalb von zehn Minuten saß ich im gleichen Rosshaarsessel, in dem ich früher gesessen hatte, das gleiche Service mit dem türkisfarbenen

the same service with the turquoise band round the edges was set out on the table between us, and the same tea-cosy with the handpainted eschscholtzias that had been my sister's handiwork was covering the same brown teapot with the chipped knob; while from over the road the shrill voices of the afternoon singing class uplifted in "John Peel" and "Early one morning" still floated in at the open window as they used to do. Indeed there was only Miss Shepperley's front hair, very grey against the dark brown coils at the back (but it had been all brown when I knew her) to remind me that I was a young man of affairs and not an eight-year-old come to tea with Miss Shepperley for a treat.

We talked: I told her all that I had been doing, and she told me all that she had been doing in the last fifteen years: and I thought how far and fast I had run and how stock-still Miss Shepperley had been sitting. And yet I thought that stagnation suited her, for she had grown into a kind old witch with all the beauty of an old woman and all the energy of a young one. I began to think the world of her again, just as I used to do: and she knew it and twinkled. Within an hour she had heard all about my novel and my editor and my engagement and the rest of my hopes and fears: And then we fell to inquiries after one old friend and another till at last "So little Mr Cob is dead," I said. "I'm sorry."

"For him?" she said quickly. "You needn't be!"

"I suppose not. But I liked him. And the woman died also, I hear – *see* rather."

"Ah, you've been in the churchyard," she said. And then, flushing, "*I* put that up."

Band an den Rändern wurde für uns beide auf den Tisch gestellt, und die gleiche von meiner Schwester in Handarbeit angefertigte Teehaube mit den handgemalten Eschscholtzien umhüllte die gleiche braune Teekanne mit dem abgeschlagenen Knopf, während von der anderen Straßenseite herüber die von den schrillen Stimmen der nachmittäglichen Gesangsklasse geschmetterten Lieder «John Peel» und «Eines Morgens früh» noch immer, wie einst, zum offenen Fenster hereintrieben. In der Tat erinnerte mich nur Miss Shepperleys Stirnhaar, das sich sehr grau von den dunkelbraunen Rollen dahinter abhob (es war ja ganz braun gewesen, als ich sie kannte), daran, dass ich ein junger Geschäftsmann war und nicht ein Achtjähriger, der gekommen war, um sich von ihr beim Tee verwöhnen zu lassen.

Wir plauderten; ich erzählte ihr alles, was ich in den vergangenen fünfzehn Jahren getan hatte, und sie erzählte mir alles, was sie getan hatte; und ich überlegte, wie weit und schnell ich gelaufen war und wie unbewegt Miss Shepperley dagesessen hatte. Und dennoch dachte ich mir, dass der Stillstand zu ihr passte, denn sie war eine gütige alte Zauberin geworden, mit der ganzen Schönheit einer alten Frau und der ganzen Tatkraft einer jungen. Zunächst machte ich mir wieder ein Bild von ihrer Welt, genauso wie ich es immer getan hatte, und sie wusste es und zwinkerte. Innerhalb einer Stunde hatte sie alles über meinen Roman erfahren, über meinen Verleger, meine Stellung und meine sonstigen Hoffnungen und Ängste. Dann begannen wir unvermittelt mit Erkundigungen nach einem alten Freund und nach noch einem, bis ich schließlich sagte: «Der kleine Mr Cobb ist also tot. Das tut mir leid.»

«Um ihn?» bemerkte sie rasch. «Das ist nicht nötig.»

«Vermutlich nicht. Aber ich mochte ihn. Und die Frau ist auch gestorben, habe ich gehört – vielmehr *gesehen*.»

«Ah, Sie waren auf dem Kirchhof», sagte sie, und fügte dann errötend hinzu: «Den Stein habe *ich* aufgestellt.»

"So I'm told. Why, Miss Shepperley?"

She smiled at me indulgently: "What do you want to know for? The editor? Oh, my dear, you can tell the story if you like. Nobody would believe it, so it's quite safe. Besides, there isn't one."

"There must have been. What was it, Miss Shepperley? Drink? Drugs? What was the matter with her?"

She blinked at me: and suddenly I realized that in Miss Shepperley's eyes I was not much older than the small boy who used to take tea with her, in spite of my editor and my engagement. She said "Drink – drugs – we don't run to that sort of thing here. You have your cinemas in London. But in a village, you know, the passions themselves are enough of a stimulant."

I blurted out, suddenly seeing her with new eyes "You didn't live here always?"

She smiled at me. "No, my dear!"

And that is as much as I ever heard of Miss Shepperley's life story. We sat silent. I didn't know, nor do I yet, whether I had been snubbed or confided in. Presently I said uncertainly "The passions?"

"Love, hate, jealousy, grief. And pity, my dear. Pity can be a passion. Yes, you had 'em all in full flower up at the Rectory – passion-flowers – the only flowers that garden ever fruited."

"What fruit?"

"Dust and ashes. They died, my dear. They point a moral and adorn a tale. D'you want to tell it?"

"Hear it, anyway."

She said thoughtfully, "You could call it 'The Lovers' Tale', if it weren't used already."

«Das hat man mir gesagt. Warum, Miss Shepperley?»

Sie lächelte mich nachsichtig an: «Weswegen wollen Sie das wissen? Für den Verleger? Oh, mein Lieber, Sie können die Geschichte erzählen, wenn Sie wollen. Niemand würde sie glauben, darum ist sie ganz ungefährlich. Außerdem: es gibt gar keine.»

«Es muss doch eine gegeben haben. Worum ging es, Miss Shepperley? Alkohol? Drogen? Was war los mit ihr?»

Sie zwinkerte mir zu; und auf einmal wurde mir klar, dass ich, trotz meinem Verleger und meiner Stellung, in Miss Shepperleys Augen nicht viel älter war als der kleine Junge, der immer zum Tee zu ihr kam. Sie sagte: «Alkohol – Drogen – mit derlei haben wir hier nichts zu schaffen. Ihr habt in London eure Kinos. Doch in einem Dorf reichen ja die Leidenschaften selber als Aufputschmittel.»

Plötzlich sah ich sie mit neuen Augen und platzte heraus: «Haben Sie nicht immer hier gelebt?»

Sie lächelte mich an. «Nein, mein Lieber.»

Nur so viel habe ich je von Miss Shepperleys Lebensgeschichte erfahren. Wir saßen stumm da. Ich wusste nicht, und weiß es jetzt noch nicht, ob dies ein Rüffel oder ein Vertrauensbeweis war. Dann sagte ich unsicher: «Die Leidenschaften?»

«Liebe, Hass, Eifersucht, Kummer. Und Mitleid, mein Lieber. Mitleid kann eine Leidenschaft sein. Ja, sie standen alle in voller Blüte im Pfarrhaus droben – Passionsblumen – die einzigen Blumen, die in diesem Garten jemals Früchte trugen.»

«Was für Früchte?»

«Staub und Asche. Sie sind verwelkt, mein Lieber. Sie weisen auf eine Moral und zieren eine Geschichte. Wollen Sie die erzählen?»

«Jedenfalls hören.»

Sie sagte nachdenklich: «Man könnte sie ‹Die Geschichte der Liebenden› nennen, wenn es das nicht schon gäbe.»

I looked at her to see if she was joking. But she was quite grave. I said "Lovers? Miss Shepperley, she made his life a hell. Even I know that from the scraps I can remember."

"But she loved him."

"I've seen them together."

"She loved him."

"I'll never believe it."

"I wouldn't once. And so it's on my conscience that I helped to kill her. And yet not much on my conscience, for you may be sure that wherever she is now, heaven or hell, he'll be looking after her."

"I'll admit that he loved her, though even that's hardly believable –"

"She was young once, you know!" said Miss Shepperley.

"Well, of course!" I said uncertainly.

"Ah, but I mean *young*. She had the gifts of youth. A fretful mouth even then, and coarse hands, but – she would have charms, I think, for a little man like him. At twenty-five you'd have called her – a fruitful goddess: that is if she hadn't pinched herself so insanely. But she was as vain as a peacock: that began the trouble. She arrived here, you know – they were a honeymoon couple – feathered and bustled, all silk and cheap lace, and he with a hundred and fifty a year! It put people's backs up, knowing what they knew." And then, answering the lift of my eyebrows, "Oh, she had caught him in his college days – one of the towns-people. He was a catch, you know – double first and so on. But for his marriage he might have done anything. All sorts of shining lights used to come

Ich sah sie an, um zu sehen, ob sie scherze. Doch sie war ganz ernst. Ich sagte: «Liebende? Miss Shepperley, sie hat ihm das Leben zur Hölle gemacht. Sogar ich weiß das aus den Streitereien, an die ich mich erinnern kann.»

«Aber sie hat ihn geliebt.»

«Ich habe sie beisammen gesehen.»

«Sie hat ihn geliebt.»

«Das werde ich nie glauben.»

«Ich wollte es früher auch einmal nicht. Deshalb bedrückt es mein Gewissen, dass ich mithalf, sie zu töten. Und doch bedrückt es mich nicht arg, denn Sie können sicher sein, dass, wo immer sie auch sein mag, im Himmel oder in der Hölle, er sich um sie kümmern wird.»

«Ich will einräumen, dass er sie liebte, obgleich selbst das kaum zu glauben ist...»

«Sie war schließlich auch mal jung!» bemerkte Miss Shepperley.

«Na, natürlich!» sagte ich unsicher.

«Ach, ich meine aber *wirklich jung*. Sie hatte die Gaben der Jugend. Einen Schmollmund schon damals, und plumpe Hände, aber – für einen kleinen Mann wie ihn dürfte sie wohl Reize gehabt haben. Als sie fünfundzwanzig war, hätte man sie... eine fruchtbare Göttin genannt, nämlich, wenn sie sich nicht selbst in so ungesunder Weise eingeschränkt hätte. Doch sie war eitel wie ein Pfau: damit begannen die Schwierigkeiten. Sie kam hierher – die beiden waren in den Flitterwochen – mit Federn geschmückt und mit Turnüre ganz in Seide und billiger Spitze, und er mit hundertfünfzig Pfund im Jahr! Das brachte die Leute auf, da sie wussten, was sie wussten.» Und als Antwort auf meine hochgezogenen Augenbrauen fügte sie hinzu: «Oh, sie hatte ihn – einen Stadtmenschen – in seiner College-Zeit eingefangen. Er war ein Fang – mit Auszeichnung erworbener akademischer Honours-Grad in zwei verschiedenen Fächern und so weiter. Wäre nicht seine Heirat

down to see him – at first – till she drove them away."

"But why? Why?"

"My dear, she was jealous of the stones he walked on, of the weeds he pulled out of the garden. D'you know, I think it pleased him. He had thrown over all his prospects to marry her, and so that attitude of hers rewarded him, I suppose, at the start. The novelty, do you think? He was a learned schoolboy and she went to his head, I imagine, like bad champagne. He was such a prig, you know, when they first came here."

"Little Mr Cobb?"

"You wouldn't think so, would you? Kind little man. But he was! Heavens, how intellectual his sermons were! A real treat if you had the taste – but what's the use of brilliance in a village? What with his priggishness and her vulgarity you can understand that they weren't liked. He weathered it: he was a quick learner; but she – never! She offended people right and left – made silly mistakes and wouldn't let herself be told. Always reminding one that she was a lady too, poor creature! We'd have put up with her, of course, if it had been only that she was underbred, but on the top of it all she had the temper of a fishwife, and when she lost it she didn't care what she said or did. In fact I don't believe she knew. I remember a scene once at a ladies' meeting, when every woman in the room got up and walked out of the house except me. I was official in a sense, or I'd have gone too. But believe me, when they were gone she turned round to me (remember she'd been im-

gewesen, hätte er alles machen können. Alle Arten von Geistesgrößen suchten ihn hier auf – am Anfang –, bis die Frau sie vergraulte.»

«Aber warum? Warum?»

«Mein Lieber, sie war eifersüchtig auf die Steine, auf denen er ging, auf das Unkraut, das er aus dem Garten zupfte. Wissen Sie, ich nehme an, das gefiel ihm. Er hatte alle seine Pläne aufgegeben, um sie zu heiraten, und deshalb sah er sich vermutlich durch diese ihre Haltung am Anfang belohnt. Das Neuartige, glauben Sie? Er war ein gescheiter Schuljunge, und sie stieg ihm, stelle ich mir vor, zu Kopfe wie schlechter Champagner. Er war ja so ein eingebildeter Schnösel, als sie hierher kamen.»

«Der kleine Mr Cobb?»

«Das würden Sie nicht glauben, nicht wahr? Das gütige Männlein. Aber er war's! Du lieber Himmel, wie vergeistigt waren doch seine Predigten! Ein wirklicher Ohrenschmaus, wenn man dergleichen schätzte – aber wozu ist in einem Dorf Scharfsinn gut? Sie werden verstehen, dass die beiden, teils wegen seiner Dünkelhaftigkeit, teils wegen ihrer Ungeschliffenheit nicht beliebt waren. Er stand das durch; er lernte schnell, doch sie – nie! Sie beleidigte Leute zur Rechten und zur Linken, machte dämliche Fehler und ließ sich nie etwas sagen. Immer gab sie einem zu verstehen, daß sie auch eine Dame war, die Arme! Wir hätten uns natürlich mit ihr abgefunden, wäre sie lediglich ungebildet gewesen, doch sie hatte obendrein das Gemüt eines Fischweibs, und wenn sie in Wut geriet, kümmerte sie sich nicht darum, was sie sagte oder tat. Tatsächlich glaube ich nicht, dass sie es wusste. Ich entsinne mich eines Vorfalls bei einer Damengesellschaft, als jede Frau im Zimmer aufstand und das Haus verließ. Nur ich blieb; ich war in gewisser Hinsicht als Amtsperson dort, sonst wäre ich auch gegangen. Doch glauben Sie mir: als sie weg waren, wandte sie sich zu mir um (bedenken Sie,

possible, simply impossible) and said in a rueful, helpless way that disarmed me, in spite of myself, 'Aren't they beasts? Oh, aren't they? You can't say a thing to please them!'"

"(One didn't say beast in those days, you know! It was a dreadful word.) And then 'Oh, and I took such pains with the tea!'"

"So she had, my dear! It was the sort of tea that would have been ostentatious at the Big House, and they with that pittance and what he earned from his learned societies! My eyes ran over the sugared cakes and the satin doilies, and I suppose she saw what I thought, for she came up to me and planted herself in that dreadful attitude of hers, hands on hips like a principal boy – oh, I can see her now, and the way it showed off her figure – and said 'Well, what's wrong with *that*?' And then 'You can get out too if you look at me like that.'

"But her lip was trembling and I was sorry for her. She was just like an ignorant ill-bred child."

"I keep my sympathy for him all the same!" said I.

"Why, yes – if it comes to that. D'you know, there was even at one time talk of pressure being brought on him to resign. It came to nothing in the end, I fancy, because the vestry were such cowards. No one, face to face with him, had the heart to give him the reason. But he was learning – oh, he was learning! I tell you he grew into what you knew in the first two years – and after that final flare-up he managed somehow to keep her under

dass sie unmöglich, einfach unmöglich gewesen war!) und sagte in einer traurigen, hilflosen Art, die mich wider Willen entwaffnete: ‹Sind sie nicht Biester? Oh, nicht wahr? Man kann nichts sagen, um sie zu erfreuen.›»…

«(Damals sagte man doch nicht Biest! Es war ein schreckliches Wort.) Und dann: ‹Oh, und ich habe mir so viel Mühe mit dem Tee gegeben!›»

«Das hatte sie wirklich, mein Lieber. Es war jene Art von Tee, mit dem man im Kittchen Eindruck gemacht hätte, und die beiden, mit diesem spärlichen Einkommen und dem, was er von seinen gelehrten Gesellschaften bekam! Meine Blicke wanderten über das gezuckerte Gebäck und die Satinservietten, und vermutlich sah sie, was ich dachte, denn sie kam auf mich zu, pflanzte sich in jener ihr eigenen fürchterlichen Haltung auf, die Hände in die Hüften gestemmt wie eine Darstellerin, die in einer Pantomime die männliche Hauptrolle spielt – oh, ich kann sie jetzt vor mir sehen, und die Art, wie sie ihre Figur zur Geltung brachte – und sagte: ‹Na, und was ist *damit* nicht in Ordnung?› Und dann: ‹Sie können ebenfalls gehen, wenn Sie mich so ansehen.›

«Aber ihre Lippen zitterten; die Frau tat mir leid. Sie war einfach wie ein dummes, schlecht erzogenes Kind.»

«Ich bleibe dennoch bei meiner Zuneigung für ihn!» sagte ich.

«Nun, wenn es darum geht: ja. Wissen Sie, es war eine Zeit lang sogar davon die Rede, dass man Druck auf ihn ausüben sollte, damit er auf sein Amt verzichte. Am Ende wurde nichts daraus, ich nehme an, weil die Gemeindeversammlung so feig war. Von Angesicht zu Angesicht hatte keiner den Mut, ihm den Grund zu nennen. Aber er lernte ständig – oh, er lernte wirklich! Ich sage Ihnen, dass er in den ersten zwei Jahren zu dem wurde, was Sie kannten – und nach jenem letzten Aufbrausen seiner Frau gelang es ihm irgendwie, sie unter Kontrolle zu halten. Es wurde

control. Indeed it grew easy, what with her declaring that she wouldn't receive so-and-so and the whole neighbourhood avoiding her. For a time she came to the official gatherings, concerts and mission work and so on, and then a child was born and died, and after that she might have been dead herself for all we saw of her. But tales still went the rounds. They had a servant at first, but they never kept one a month. The girls all said the same thing – a good mistress till she was crossed, and then – a devil! They stuck to it that she was kind to them, that they'd like to stay, but they were afraid for their lives when she was in one of her fits."

"And of him? What did they say of him?"

"He chilled them, you know. He never could be hail-fellow. But they all spoke well of him. But of her it was always, 'Ah, the pore dear! She's a fair terror, the pore dear!' as if they half admired her."

"But they didn't stay?"

"No. And between you and me, my dear, that's what I put his death down to. She took over the work of the house after a fashion; but she was a slap-dash useless creature: I've always said he was undernourished. She fed him on boiled eggs and cheap sweets, I fancy, and so of course when the influenza came – no stamina! God forgive me for saying so, my dear, for he's capable of rising from his grave to contradict it. *He* never complained."

"Why on earth he ever married her – " I began.

"You'd never be such a fool, would you?" said Miss Shepperley. And then "Oh, my dear,

wirklich einfach, teils auf ihre Erklärung hin, sie würde die oder den Soundso nicht empfangen, teils, weil die ganze Nachbarschaft sie mied. Eine Zeitlang erschien sie zu den amtlichen Zusammenkünften, zu Konzerten, zur Missionsarbeit und so weiter; dann kam ein Kind und starb, und danach hätte sie selbst tot sein können, so wenig bekamen wir von ihr zu sehen. Doch Geschichten machten noch immer die Runde. Das Pfarrerehepaar hatte anfangs ein Dienstmädchen, aber nie länger als einen Monat. Die Mädchen sagten alle dasselbe: eine gute Herrin, bis man ihr widersprach. Aber dann: ein Teufel! Sie ließen sich nicht davon abbringen, dass sie freundlich zu ihnen war, dass sie gern bleiben würden, dass sie aber um ihr Leben bangten, wenn sie einen ihrer Anfälle hatte.»

«Und von ihm? Was sagten sie von ihm?»

«Er wirkte einfach kalt auf sie. Er konnte nie locker sein. Doch alle sprachen sie gut von ihm. Von ihr aber hieß es immer: ‹Ach, die arme liebe Frau! Sie ist ein heller Schrecken, die arme liebe Frau!›, als würden sie sie halb bewundern.»

«Aber sie sind nicht geblieben?»

«Nein. Und unter uns gesagt, mein Lieber, diesem Sachverhalt schreibe ich seinen Tod zu. Sie übernahm die Haushaltsführung schlecht und recht, war aber ein oberflächliches, nichtsnutziges Geschöpf. Ich habe immer gesagt, dass er unterernährt war. Sie setzte ihm gekochte Eier und billige Süßigkeiten vor, nehme ich an, und als die Grippe kam, hatte er natürlich keine Widerstandskraft. Gott verzeihe mir, dass ich das sage, mein Lieber, denn Mr Cobb ist imstande, sich aus seinem Grab zu erheben, um dem zu widersprechen. *Er* beklagte sich nie.»

«Warum in aller Welt er sie überhaupt geheiratet hat...» begann ich.

«So ein Narr wären Sie nie, nicht wahr?» sagte Miss Shepperley. Und dann: «Oh, mein Lieber, warum heiratet

why do people marry? Body and soul – but the body has first say when one's young. Isn't it so? You're a young man and I'm a woman and an old one – but isn't it so?" And then, as I made her no answer, "No, no! It's what she saw in him that occupies me."

"It's pretty obvious, isn't it? You said yourself – "

"Yes, I said she was out to catch her man, and he was not the first by all accounts – "

"Oh, that sort!"

"I've never been sure. His friends were very loyal. There was never a hint, never the flicker of an eyelid. Too loyal – that was what made one suspicious. But if she were – what we've thought her sometimes and whispered (you know what a village is), does it say she didn't love him? Body and soul – but the soul might have had first say perhaps with her, for a change. Suppose now that he hadn't married her? He saved her from something: d'you think she didn't know it? But *I* say didn't she save him too? Better to break your heart than shrivel it, my dear! I'm old-fashioned: I believe marriages are made in Heaven, even this one. At least he died with her hand in his. Dr Davis told me that. What do you think his last words were?"

"It should have been, 'Dearly beloved!'"

"'Doctor, make her rest!' Davis said that finished him, and he's accustomed to queer scenes. They had been on their feet for pretty well a fortnight, you know, with half the village paralysed by the influenza scare, and they'd no sooner got it under than the Rector dropped where he stood. They sent for her – the first time she'd been in a

man? Leib und Seele – aber der Leib hat das erste Wort, wenn man jung ist. Ist's nicht so? Sie sind ein junger Mann, und ich bin eine Frau, eine alte Frau – aber ist es nicht so?» Und dann, als ich ihr keine Antwort gab: «Nein, nein! Mich beschäftigt, was sie in ihm sah!»

«Das ist ziemlich offensichtlich, oder nicht? Sie sagten selbst...»

«Ja, ich habe gesagt, sie sei darauf aus gewesen, ihren Mann einzufangen, und nach allem, was man hört, war er nicht der erste...»

«Oh, diese Sorte!»

«Ich war mir nie sicher. Seine Freunde waren sehr verlässlich. Es hat nie einen Hinweis gegeben, nie das Zucken eines Augenlids. Allzu verlässlich – das machte einen argwöhnisch. Doch selbst wenn sie das gewesen wäre, wofür wir sie manchmal hielten, was wir flüsterten (Sie wissen, was ein Dorf ist), heißt das denn, dass sie ihn nicht liebte? Mit Leib und Seele – doch könnte die Seele zur Abwechslung bei ihr das erste Wort gehabt haben. Jetzt angenommen, er hätte sie nicht geheiratet? Er hat sie vor etwas bewahrt: glauben Sie, dass sie es nicht wusste? *Ich* aber sage: Hat nicht auch sie ihn gerettet? Es ist besser, das Herz zerspringt einem, als dass es schrumpft, mein Lieber. Ich bin altmodisch: ich glaube, dass Ehen im Himmel geschlossen werden, selbst diese. Zumindest starb er mit ihrer Hand in der seinen. Das hat mir Dr. Davis gesagt. Was, glauben Sie, waren seine letzten Worte?»

«Es hätte sein sollen: ‹Inniggeliebte!›» sagte ich.

«‹Herr Doktor, verschaffen Sie ihr Ruhe!› Davis sagte, das habe ihm den Rest gegeben, und er ist doch an seltsame Vorfälle gewöhnt. Man war ja nahezu zwei Wochen auf den Beinen gewesen, weil das halbe Dorf durch die Angst vor der Grippe gelähmt war, und kaum hatte man diese unter Kontrolle bekommen, fiel der Pfarrer um, wo er stand. Seine Frau wurde geholt – zum ersten Mal seit Jahren war

neighbour's house for years – but she shocked everyone. She didn't seem to consider how ill he was: to move him – to get him back to the Rectory – that was her whole concern. He was her husband and it was her place to decide, and there was a conspiracy against her, and so on – oh, dreadful! Davis was pretty rough with her at last, they tell me, but he couldn't forbid her the room because the Rector was asking for her. And so she sat there all through the night while he sank, quarrelling with Davis under her breath. But at dawn little Mr Cobb began to pull at her hand, Davis said, and craned from his pillow till his lips touched it, and then, as I tell you, while Davis straightened him, 'Doctor,' he says, 'make her rest!' and with that drowses and, after a while, dies. He was only fifty."

"Well?" I said at last softly.

"Well?" she returned. And then I saw that her mouth was unsteady and wished I had held my tongue. But she had herself well in hand, all but her mouth.

"It's not much to you, my dear," she said steadily, "but we – we were fond of him."

I said "So was I, I think, or he wouldn't have stuck in my mind so all these years. But that's only half the tombstone, Miss Shepperley?"

"Ah, poor soul, yes!" she said. "I'd forgotten her. We all forgot her. Such a funeral! All the village came. We *were* fond of him. And everyone saying it in whispers, you know, in a wondering way, as if it were a surprise to us. It was only afterwards that we thought of Mrs Cobb. She hadn't come – that wasn't anything: women didn't till lately – but it got around that she'd been quite unpardonable to Dr. Davis and the Squire. She as good as told

sie in einem Nachbarhaus gewesen – , doch sie stieß jeden vor den Kopf. Sie schien nicht zu bedenken, wie krank er war: ihn zurückzuholen – zurück ins Pfarrhaus – allein darum ging es ihr. Er sei ihr Gatte, und es sei ihre Aufgabe, zu entscheiden; es gebe eine Verschwörung gegen sie, und so fort – ach, entsetzlich! Davis war mit ihr schließlich ziemlich grob, habe ich erfahren, doch er konnte sie nicht aus dem Raum verweisen, weil der Pfarrer immer nach ihr fragte. So saß sie die ganze Nacht hindurch da, während es mit ihm zu Ende ging, und haderte mit Davis im Flüsterton. Aber bei Tagesanbruch begann Mr Cobb, sie an der Hand zu ziehen, sagte Davis, und reckte den Hals aus seinem Kissen, bis seine Lippen ihre Hand berührten. Während Davis ihn dann geraderichtete, sagt er, wie ich Ihnen versichere: ‹Herr Doktor, verschaffen Sie ihr Ruhe!›. Über diesen Worten schlummert er ein und nach einer Weile stirbt er. Er war erst fünfzig.»

«Nun?» sagte ich schließlich leise.

«Nun?» erwiderte sie. Dann sah ich, dass ihr Mund zitterte, und ich wollte, ich hätte geschwiegen. Doch sie hatte sich gut unter Kontrolle, alles bis auf ihren Mund.

«Es bedeutet Ihnen nicht viel, mein Lieber», sagte sie beherrscht, «doch wir – wir hatten ihn gern.»

Ich sagte: «Ich auch, denke ich, sonst wäre er mir all diese Jahre hindurch nicht so in Erinnerung geblieben. Aber das ist nur der halbe Grabstein, Miss Shepperley, ja?»

«Ach die Arme, ja!» sagte sie. «Ich hatte sie vergessen. Wir alle haben sie vergessen. So ein Begräbnis! Das ganze Dorf erschien. Wir mochten ihn wirklich gern. Und jeder sagte es flüsternd, verstehen Sie, verwundert, als wäre es eine Überraschung für uns. Erst hinterher dachten wir an Mrs Cobb. Sie war nicht gekommen – das hatte nichts zu bedeuten: bis vor kurzem kamen Frauen nicht – , doch es sprach sich herum, dass sie sich ganz unverzeihlich gegenüber Dr. Davis und dem Gutsherrn verhalten hatte. Es lief

Dr Davis that his treatment was responsible for the Rector's death, and then began to bargain with the Squire about moving and the fittings of the house – yes, before her husband was so much as buried – and there was a row royal with the undertaker's people. They said that the only thing she seemed to care about was her mourning. Lady Sarah, who had called with the Squire, offered to lend her clothes, knowing, of course, that there was no money: and I'm sure she offered it nicely; but no! She was all for ordering crapes and alpacas from the draper's till old Brown went up to see her himself and told her bluntly that he would help her, and so would the rest of the vestry, for the Rector's sake, but that he wouldn't give credit for fallals. He came back quite shaken, d'you know, and said that she'd screamed him out of the house. And after that nobody went near her for two or three days, and I can't say that I blame them. But on Saturday, a week from the day he died, I was in at Brown's, at the grocery counter, and while he was serving me he told me something that made me uncomfortable. He said that he'd had no orders from the Rectory since the day he went up, and that his boy had told him that morning that the milk-jugs hadn't been touched for two days. The boy had left them at the gate, and when Brown told him to go up to the front door, he said he was afraid to, because the garden was all over scarecrows. Brown said, quite rightly, that something ought to be done, but that he himself wouldn't go near her for a sovereign nor let his wife. He said, and I'm sure he believed, that she was possessed of a devil. It is a devil too, a temper like hers."

darauf hinaus, dass sie Dr. Davis sagte, seine Behandlung sei verantwortlich für den Tod des Pfarrers gewesen, und dann fing sie an, mit dem Gutsherrn über den Umzug und das Haushaltsgerät zu feilschen – ja, ehe ihr Gatte auch nur beigesetzt war – , und außerdem gab es einen Mordskrach mit den Leuten des Totengräbers. Es hieß, dass ihr anscheinend nur an einem lag: an ihrer Trauer. Lady Sarah, die, zusammen mit dem Gutsherrn, sie aufgesucht hatte, erbot sich, ihr Kleider zu leihen, da sie natürlich wusste, dass kein Geld vorhanden war: und sicher tat sie das in netter Form; aber nein! Sie war nur darauf aus, im Tuchladen Trauerflore und Alpakakleidung zu bestellen, bis der alte Brown selbst zu ihr ging und ihr klipp und klar sagte, dass er ihr, um des Pfarrers willen, helfen wolle, genauso wie die übrigen Gemeindemitglieder, dass er aber keinen Kredit für Flitter gebe. Er kam ganz erschüttert zurück und berichtete, ihr Gezeter habe ihn aus dem Haus getrieben. Danach ging zwei oder drei Tage niemand in ihre Nähe, und ich kann nicht sagen, dass ich jemandem einen Vorwurf mache. Doch am Sonnabend, eine Woche nach seinem Sterbetag, war ich bei Brown, am Ladentisch des Krämers, und während er mich bediente, erzählte er mir etwas, das mir Unbehagen bereitete. Seit dem Tag, berichtete er, da er im Pfarrhaus gewesen sei, habe er von dort keine Bestellung; sein Junge habe ihm heute früh gesagt, dass die Milchkannen zwei Tage lang nicht angerührt worden seien. Der Junge habe sie am Gartentor zurückgelassen, und als Brown ihm auftrug, an die Haustüre zu gehen, sagte der, er fürchte sich, weil der ganze Garten voller Vogelscheuchen sei. Brown meinte, völlig zu Recht, dass etwas getan werden sollte, doch er selbst würde sich nicht um viel Geld in die Nähe der Pfarrersfrau begeben und auch seine Frau nicht hinlassen. Er sagte, und sicher glaubte er es, sie sei von einem Teufel besessen. Und ein Temperament wie das ihre ist auch ein Teufel.»

"So you went!" I told her.

She flushed.

"How did you know?"

"Old times," said I, smiling at her; but she only answered with her familiar, anxious frown, "Oh, I know I meddle."

"Is that what you call it?" said I.

She put out her hand and touched mine.

"Nice boy!" said Miss Shepperley. And then "But this bit of meddling wasn't so easy. It was years since I'd spoken to her. She'd taken a dislike to me because of the concerts. Mr Cobb used to depend on me, you know, to run them, and she was unpleasant about it. I don't mind telling you. I'm too old to mind. But going up to the Rectory I thought to myself that it was rather good of me to trouble. But there, it was for his sake I was meddling, not for hers. The boy was quite right: there were two jugs of milk by the steps and thickened, with dust on the cream, and when I opened the door in the wall you never saw such a sight! The whole garden was strewn with black garments, spread on bushes, hung from twigs, flapping and bellying in the wind till the place looked like a picture I once saw of vultures on a battlefield. I thought she must have run mad, till I noticed the pools and trails of black water on the gravel and up the steps. Then I understood. It was her mourning, my dear. She had been dyeing all her clothes. Queer, isn't it, how trouble takes people! I could see her as I came up the path, sitting at the table in the dining-room, driving her machine till I thought she'd break it; but though the dining-room window was two yards from the porch and though

«Also sind Sie hingegangen!» sagte ich zu ihr.

Sie errötete.

«Wie wussten Sie das?»

«Alte Zeiten», sagte ich und lächelte sie an; doch sie antwortete nur mit ihrem vertrauten, bekümmerten Stirnrunzeln: «Oh, ich weiß, dass ich mich einmische.»

«Nennen Sie das so?» fragte ich.

Sie streckte die Hand aus und berührte die meine.

«Lieber Junge!» sagte Miss Shepperley. Und dann: «Doch diese Einmischung war nicht so leicht. Es war Jahre her, seit ich mit der Frau gesprochen hatte. Sie hatte wegen der Konzerte einen Widerwillen gegen mich gefasst. Mr Cobb war ja auf mich angewiesen, um diese zu gestalten, und sie war darüber erbost. Es stört mich nicht, Ihnen das zu erzählen. Ich bin zu alt, als dass es mir etwas ausmacht. Aber während ich zum Pfarrhaus hinaufging, dachte ich bei mir, es sei eher lieb von mir, wenn ich störe. Doch dort wollte ich mich seinetwegen einmischen, nicht ihretwegen. Der Junge hatte ganz recht: neben den Stufen standen zwei Krüge Milch, die dick wurde, auf dem Rahm lag Staub, und als ich die Pforte in der Mauer öffnete – so ein Anblick bot sich einem noch nie! Der ganze Garten war mit schwarzen Kleidungsstücken übersät, auf Büschen ausgebreitet, von Zweigen hängend, im Winde flatternd und sich bauschend, bis der Ort aussah wie ein Bild, das ich einmal gesehen habe: ein Bild von Geiern auf einem Schlachtfeld. Ich dachte, sie müsse verrückt geworden sein, bis ich die Pfützen und Spuren schwarzen Wassers auf dem Kies und den Stufen bemerkte. Dann begriff ich. Es war ihre Trauer, mein Lieber. Sie hatte ihre gesamte Kleidung gefärbt. Sonderbar, nicht wahr, wie Kummer von den Leuten Besitz ergreift! Als ich den Weg entlangkam, konnte ich sehen, wie sie im Esszimmer am Tisch saß und ihre Nähmaschine betätigte, bis ich meinte, sie würde diese zugrunde richten; doch obschon das Esszimmerfenster zwei Meter vom Hauseingang

I know she saw me, there was no answer when I knocked. But I wasn't going to be stopped when I'd got so far – dear knows I truly hoped to help her! – so I went straight in, down the passage and into the room – and found myself face to face with her as she sat between the table and the wall. I said 'Forgive me – may I come in?'

"She didn't get up. She barely lifted her head, and I began to think that she wasn't going to speak at all and to wonder what I should do next. But after a minute she said 'What do you want here – now?'

"I said, 'I thought I might be of some use to you, Mrs Cobb.'

"She went on turning the handle and guiding the stuff past the needle as she said, without a look at me, 'A pity you didn't come sooner!'

"I said, holding on to my temper, 'One is diffident about intruding.'

"'Yes,' she said, 'you've been diffident about intruding for twenty years, the lot of you! But you think you can come and go as you please, I suppose, now my husband has left me in the lurch.' Yes, she said that. Imagine it! I was so shocked that I could only get out a 'Mrs Cobb!'

"'Well!' she said, stooping her face to the cloth and biting off a thread, 'hasn't he left me in the lurch?' And then, 'What call had he to go grubbing round in those muck-heaps they call cottages?'

"I said, trying to be gentle, trying my hardest, my dear, 'Mrs Cobb, don't you realize – ?'

"She flung up her head.

"'I realize that he thought more of his tin-pot parish than of his wife. D'you think he'd listen to

entfernt war und obschon ich weiß, dass sie mich sah, erfolgte auf mein Klopfen keine Antwort. Aber ich ließ mich nicht aufhalten, wo ich schon so weit gekommen war – du meine Güte, ich hoffte, ihr wirklich zu helfen! – , ich ging also einfach hinein, den Flur entlang und in das Zimmer... und befand mich von Angesicht zu Angesicht ihr gegenüber, wie sie zwischen Tisch und Wand saß. Ich sagte: ‹Verzeihen Sie mir – darf ich nähertreten?›

Sie stand nicht auf. Sie hob kaum den Kopf, und erst glaubte ich, sie würde überhaupt nicht reden, und überlegte, was ich als nächstes tun sollte. Doch nach einer Minute fragte sie: ‹Was wollen Sie hier – jetzt?›

Ich sagte: ‹Ich dachte, ich könnte Ihnen ein wenig von Nutzen sein, Mrs Cobb.›

Sie drehte die Kurbel weiter, führte den Stoff an der Nadel entlang und bemerkte dabei, ohne mich anzusehen: ‹Schade, dass Sie nicht früher gekommen sind!›

Ich sagte, meinen Gleichmut bewahrend: ‹Man scheut sich, zu stören.›

‹Ja›, sagte sie, ‹ihr scheut euch seit zwanzig Jahren, zu stören, eure ganze Gesellschaft! Doch ihr glaubt wahrscheinlich, ihr könnt kommen und gehen, wie es euch gefällt, jetzt, wo mein Mann mich im Stich gelassen hat.› Ja, das sagte sie. Stellen Sie sich das vor! Ich war so empört, dass ich nur ein ‹Mrs Cobb!› herausbringen konnte.

‹Nun!› sagte sie, neigte ihr Gesicht auf den Stoff herab und biss einen Faden ab: ‹Hat er mich etwa nicht im Stich gelassen?› Und dann: ‹Was für einen Grund hatte er, sich in diesen Misthaufen herumzutreiben, die hier Häuschen genannt werden?›

Ich sagte, wobei ich mein Äußerstes versuchte, um freundlich zu bleiben: ‹Meine liebe... Mrs Cobb, erkennen Sie nicht...?›

Sie warf ihren Kopf hoch.

‹Ich merke, dass er mehr an seine Blechtopf-Pfarrei

me when I begged him to stay at home – begged him and prayed him? Not he! It's as if he'd died to spite me.'

"Well, at that, my dear, I lost my temper completely, utterly, as I've never in my life done before or since. I said, 'To please you, I should think!'

"At that she dropped her work and got to her feet with a 'What the hell d'you mean?' speaking in a raucous street voice, the way drunken women speak: her face was flaming.

"But I didn't care. I said 'You know the hell I mean –' and with that I launched out. I told her what we thought of her and him. I told her how we'd watched them all these years and how we'd grown to like and pity him, and in the end been glad to hear that he was dead and free of his bitter troubles. I told her in so many words that if ever a woman had ruined a man's life then she had ruined his, with her selfishness and her cruelty and her crazy rages. And that if the epidemic had been his way of release, before God and in the sight of the congregation he was none the less a murdered man and that she had killed him.

"Then I stopped; and for a minute we stared at each other without a word. I was panting, and so was she, and her face had gone a queer mottled colour, patches of red on dead white, and her mouth was half open. She said at last quite quietly, like a lady, not like a fishwife (it was a side of her I'd never dreamed of), 'You must be mad!'

"I said, 'Must I, Mrs Cobb? Then we're all mad in this village, for I'm saying what we all think.'

"She looked down at her work thoughtfully, as if it were something that she'd never seen before,

dachte als an seine Frau. Glauben Sie, dass er auf mich hörte, wenn ich ihn anflehte, zu Hause zu bleiben – wenn ich ihn anflehte und dringend darum bat? Er nicht! Es ist, als wäre er mir zum Trotz gestorben.›

Na, mein Lieber, jetzt verlor ich meine Fassung völlig, ganz und gar, wie nie in meinem Leben vorher oder seither. Ich sagte: ‹Um Ihnen zu gefallen, möchte ich meinen!› Nun ließ sie ihre Arbeit fallen, sprang auf, sagte mit rauher Straßenstimme, in der Art, wie betrunkene Frauen reden: ‹Was zum Teufel meinen Sie damit?› Ihr Gesicht glühte. Doch es machte mir nichts aus. Ich sagte: ‹Zum Teufel, Sie wissen, was ich meine…› und nun legte ich los. Ich sagte ihr, was wir von ihr und ihm dachten. Ich sagte ihr, wie wir sie die ganzen Jahre beobachtet, wie wir ihn allmählich liebgewonnen und bemitleidet und uns am Ende gefreut hatten, als wir erfuhren, dass er tot und von seinen bitteren Widerwärtigkeiten erlöst war. Ich sagte ihr wortreich, dass, wenn je eine Frau das Leben eines Mannes zerstört hätte, sie das seine vernichtet hätte, durch ihre Selbstsucht, ihre Grausamkeit und ihre verrückten Wutanfälle. Und dass er, wenn die Seuche für ihn die Erlösung war, vor Gott und in den Augen der Gemeinde dennoch ein Hingemordeter blieb, und dass sie ihn getötet habe.

Dann hielt ich inne; einen Augenblick lang starrten wir uns wortlos an. Ich keuchte, sie auch, und ihr Gesicht hatte eine seltsam gesprenkelte Farbe angenommen, rote Flecken auf totem Weiß, und ihr Mund war halb offen. Schließlich bemerkte sie ganz ruhig, wie eine Dame und nicht wie ein Fischweib (es war etwas an ihr, das ich mir nie hätte träumen lassen): ‹Sie müssen wahnsinnig sein!›

Ich sagte: ‹Tatsächlich, Mrs Cobb? Dann sind wir alle in diesem Dorf wahnsinnig, denn ich sage, was wir alle denken.›

Sie schaute nachdenklich auf ihre Arbeit herab, als wäre diese etwas, das sie nie zuvor gesehen hatte; mit genau dem

and then back again at me with just the same look, and then she said, stammering a little 'But but I loved him!'

"I laughed: not maliciously, but because I couldn't help it. I suppose I was rather near hysteria. It had shaken me to say what I'd said. But she went on quite gently 'Why do you laugh? I loved him.' And then, with a sort of hastening of her speech in the quiet room, like a storm blowing up on a leaden day, 'I loved him. It's not true what you say. I tell you I loved him – I loved him.' And then 'Benjy, you *know*! Benjy, tell her! Benjy!' She waited, as if for an answer, moving her hands to and fro as though she were feeling for a support: and when no answer came – I had no words, my dear – she suddenly fell back into her chair, bowed her head in her hands and began to cry. No, and it wasn't hysterics either: it was grief finding outlet – grief: such grief as I had never dreamed of, and yet I've had my share, I dare say. It wasn't like a woman crying: it was like the crying of a lost soul on judgement day – after sentence. I didn't seem to see her, if you understand: it was like watching a storm of nature. I thought – don't laugh at me – I kept on thinking of the Flood when the rain came down, pulping and battering and beating the world flat, drowning it. It went through my head over and over again, in his voice, you know, little Mr Cobb's dry Sunday voice, reading the lesson in church, 'The fountains of the great deep were broken up and the windows of heaven were opened.' I tell you it was the most terrifying and inhuman thing I've ever dreamed

gleichen Blick sah sie dann mich wieder an und sagte, ein wenig stotternd: ‹Aber – aber ich habe ihn doch geliebt!›

Ich lachte: nicht boshaft, sondern weil ich nicht anders konnte. Wahrscheinlich war ich einem hysterischen Anfall nahe. Es hatte mich mitgenommen, das zu sagen, was ich gesagt hatte. Doch sie fuhr ganz sanft fort: ‹Warum lachen Sie? Ich habe ihn geliebt.› Und dann, wie ein an einem schwülen Tag aufziehender Sturm, wobei ihre Stimme in dem stillen Zimmer sich irgendwie beschleunigte: ‹Ich habe ihn geliebt. Es ist nicht wahr, was Sie erzählen. Ich sage Ihnen, dass ich ihn geliebt habe – ich habe ihn geliebt.› Und dann: ‹Benjy, du *weißt* es! Benjy, sag es ihr! Benjy!› Sie wartete, als erhoffte sie sich eine Antwort und bewegte dabei die Hände hin und her, wie wenn sie nach einem Halt tasten würde; und als keine Antwort kam – ich hatte keine Worte, mein Lieber –, fiel sie auf einmal in ihrem Stuhl zurück, senkte den Kopf in die Hände und begann zu heulen. Nein, es war auch kein hysterischer Anfall: es war Schmerz, der ein Ventil fand – Schmerz, ein derartiger Schmerz, wie ich ihn mir nie hatte träumen lassen, und doch habe ich, das darf ich sagen, meinen Anteil daran gehabt. Es war nicht, wie wenn eine Frau heult, es war wie das Heulen einer verlorenen Seele am Tag des Jüngsten Gerichts – nach dem Urteilsspruch. Es kam mir vor, als sähe ich sie nicht, verstehen Sie, es war, wie wenn man einen Aufruhr der Natur beobachtet. Ich dachte – lachen Sie mich nicht aus! – ich dachte dauernd an die Sintflut, als der Regen herabkam und die Welt in Brei verwandelte, auf sie hämmerte, sie flachdrosch und überflutete. Immer und immer wieder ging es mir durch den Kopf, und zwar in seiner Stimme, in der trockenen Sonntagsstimme des kleinen Mr Cobb, wie er im Gottesdienst die Epistel verlas: ‹Alle Quellen der großen Urflut brachen auf, und die Fenster des Himmels öffneten sich.› Ich sage Ihnen, es war das Schrecklichste und Unmenschlichste, wovon ich je ge-

of, that bitter, wicked creature sitting there, crying, crying, crying, like a drowning world.

"I suppose I sat there an hour watching her, not daring to speak.

"She'd cry herself quiet, you know, after a time, and sit there twisting her hands. Then she'd lift her head at last with a listening air and her poor drowned eyes would wander weakly round the room and fix their gaze on something, the leather chair by the fire it was once, and another time the dyed breadths of stuff in front of her, and then her lip would begin to quiver and her eyes fill and the muscles of her throat strain, and you'd see her fighting and struggling with herself, her face all twisted up like a comic mask, and then – down would go her head again, and the rain, the rain renew. I tell you, you could see it and hear it, with the forests snapping like matchwood, the cities swept away, the ridges of the world crumbling into mud beneath that downpour: and still the storms sweeping on in gusts of wind and lightning and water, wiping away all things human, blotting out the face of the world.

"Only it was not the world: it was a woman crying.

"And then she began to beat her head against the wall.

"You can imagine that I talked to her, put my arm round her, tried to bring her to some sort of reason. Oh, *my* anger was gone, gone in the first five minutes, overwhelmed, swept away. I tell you it seemed a pretty trivial thing, my anger. I was not even sorry: how can you be sorry for a grief like that? But I wanted her to restrain herself. Such grief wasn't decent, it wasn't liveable with,

träumt habe, wie dieses verbitterte, böse Geschöpf dasaß und heulte, heulte, heulte, wie eine versinkende Welt.

Ich vermute, dass ich eine Stunde lang dasaß und sie beobachtete, ohne dass ich zu sprechen wagte.

Nach einer gewissen Zeit schrie sie sich ruhig, saß da und rang die Hände. Dann hob sie schließlich den Kopf und schien zuzuhören; ihre armen, verweinten Augen wanderten matt im Zimmer umher und lenkten ihren Blick auf irgendetwas, einmal auf den Ledersessel am Feuer, ein andermal auf die gefärbten Stoffbahnen vor ihr; dann begannen ihre Lippen zu zittern, ihre Augen sich zu füllen, die Muskeln ihrer Kehle sich zu straffen, und man konnte sehen, wie sie mit sich kämpfte und rang, wie ihr Gesicht sich ganz zu einer komischen Maske verzog, und dann – senkte sich ihr Kopf wieder, und der Regen, der Regen setzte erneut ein. Ich sage Ihnen, man konnte ihn sehen und hören: die Wälder brachen wie Streichhölzer zusammen, die Städte wurden fortgeschwemmt, die Bergketten versanken unter diesen Wassermassen in Schlamm; und noch immer tobten die Stürme weiter in Windböen, Blitz und Wasser, alles Menschenwerk hinwegfegend und das Gesicht der Welt auslöschend.

Nur war es nicht die Welt: es war eine Frau, die ständig heulte.

Und dann fing sie an, mit dem Kopf gegen die Wand zu schlagen.

Sie können sich denken, dass ich auf sie einredete, meinen Arm um sie legte, sie irgendwie zur Vernunft zu bringen suchte. Oh, *mein* Ärger war dahin, vergangen in den ersten fünf Minuten, besiegt, hinweggefegt. Ich sage Ihnen, er kam mir wie etwas ziemlich Unbedeutendes vor, mein Ärger. Ich war nicht einmal traurig: wie kann man traurig sein über einen solchen Gram? Aber ich wollte, dass sie sich beherrschte. So ein Gram war nicht vertretbar, mit ihm konnte man nicht leben, er musste ver-

it had got to be covered up. I said what I could that was comforting, but it was like trying to uphold a ruined cliff that is sliding into the sea. I didn't know what to do or what to say. And when she began to beat her forehead against the wall, yes, and when I went to her, threw me off as if I were a fly to be brushed away – she was a big strong woman – then I went for help. I thought she'd kill herself."

"Was she trying to, d'you suppose?"

"I don't think so. I think she was just easing her pain. She was always a violent creature, and so when she suffered, it was violently. But you can imagine that I couldn't let it go on. I had to have help. I went out, late as it was, running all the way, to find the district nurse, but she was away looking after a patient, and when I went on to the sexton's wife, she was out too. It must have been an hour before I found anyone, and when we did get back to the Rectory, Mrs Cobb was gone. She was not in the room, not in the house.

"That was a night, I tell you. We went first to the doctor, and he knocked up Wills, the constable – you remember Wills? By that time half the village was up and out with lights and lanterns. Somebody, I don't know who, put the word about and in a moment they were all whispering and then shouting, 'The ponds! Try the ponds!' You know the two ponds at the side of the road, opposite Oulson's down at Drake's Bottom?"

"I know," I said. "They're deep."

"And used, my dear, and used these hundred years! I could tell you tales! Well, we all set off helter-skelter the mile and a half down Drake's Hill, and a time we had when we got there! We

heimlicht werden. Ich sagte an Tröstlichem, was ich nur konnte, doch es war, als versuchte man, eine geborstene Klippe aufzuhalten, die ins Meer gleitet. Ich wusste nicht, was ich tun oder sagen sollte. Als sie anfing, mit der Stirn gegen die Wand zu schlagen, ja, und sie mich, als ich zu ihr hinging, abschüttelte, als wäre ich eine Fliege, die man verscheucht – sie war eine große, starke Frau –, entfernte ich mich, um Hilfe herbeizuholen. Ich dachte, sie würde sich umbringen.»

«Glauben Sie, dass sie das versucht hat?»

«Ich glaube nicht. Ich denke, sie hat einfach ihrem Schmerz Erleichterung verschafft. Sie war immer eine heftige Natur und wenn sie litt, geschah es also in heftiger Weise. Aber Sie können sich vorstellen, dass das nicht so weitergehen durfte. Ich mußte Hilfe herbeiholen. Ich ging hinaus, so spät es auch war, und lief die ganze Wegstrecke, um die Bezirkskrankenschwester zu suchen, doch sie war außer Haus, um nach einem Patienten zu sehen, und als ich zur Frau des Küsters weiterlief, war auch sie nicht daheim. Es muss eine Stunde gedauert haben, bis ich jemanden auftrieb, und als wir ins Pfarrhaus zurückkamen, war Mrs Cobb fort. Sie war nicht im Zimmer, sie war nicht im Haus.

«Das war eine Nacht, sag ich Ihnen. Erst gingen wir zum Arzt. Der weckte Wills auf, den Polizisten – Sie erinnern sich doch an Wills? Inzwischen war das halbe Dorf auf und mit Lichtern und Laternen draußen. Jemand, ich weiß nicht wer, setzte das Wort in Umlauf, und im Nu flüsterten es alle und schrien es dann hinaus: ‹Die Teiche! Sucht die Teiche ab!› Sie kennen doch die zwei Teiche neben der Straße, gegenüber Oulsons Hügel im Drachengrund?»

«Ich weiß», sagte ich. «Sie sind tief.»

«Und benutzt, mein Lieber, und seit hundert Jahren benutzt! Ich könnte Ihnen Geschichten erzählen! Nun, wir rannten alle Hals über Kopf die eineinhalb Meilen zum Drachenhügel, und was hatten wir für Schwierigkeiten, als

knocked up Oulson's to get a drag, but he had nothing: and at last men got out the netting he used for his cherry trees and made shift with that. It all took time, and what with the darkness and the wet – oh, we were a set of fools, and after an hour we knew it! Kettles and pots and pans we found, but we didn't find Mrs Cobb. It was grey daylight when we got to the top of Drake's Hill again and back to the Rectory. It was just as we left it, and we were beginning to break up – for what were we to do? – we were soaked and tired out! – when one of a parcel of boys going off home across the churchyard let out a whoop and yell, and then they all came running back, crying out that they'd found her. Fools that we were – we'd never thought of the churchyard! As I said to Mary Wills, 'Call ourselves women! We might have known!'

"She was lying on her face on his grave, with the earth scattered all round her as if she'd been digging. Her poor hands were torn and her arms clayed up to the elbow, and she was dead – dead and peaceful."

"Poor thing!" said I. And after a moment, "What was it – heart?"

"Exposure. Exhaustion too, I daresay, after all that crying; but they brought it in 'exposure'. She must have lain there all the time we were searching. There was frost on her dress and hair. Oh, you know, that cut me to the heart, to think how he must have grieved to hear her above him in the darkness, calling to him and getting no answer, getting no help, when he'd cherished her so. I suppose that was *his* punishment. 'Little children, keep yourselves

wir hinkamen! Wir klopften Oulson aus dem Schlaf, um ein Schleppnetz zu bekommen, doch er hatte keines; und schließlich holten Männer das Geflecht heraus, das er für seine Kirschbäume verwendete, und behalfen sich damit. Das alles kostete Zeit, und in Anbetracht der Dunkelheit und Nässe – oh, wir waren ein Narrenvolk, und nach einer Stunde wussten wir es! Wir fanden Kessel, Töpfe und Pfannen, doch Mrs Cobb fanden wir nicht. Der Tag graute, als wir wieder auf den Drachenhügel hinauf und zurück zum Pfarrhaus gelangten. Es lag genauso da, wie wir es verlassen hatten, und wir begannen, auseinander zu gehen – denn was sollten wir tun? – wir waren durchnässt und völlig erschöpft! – , als einer aus einem Rudel von Jungen, die über den Kirchhof nach Hause gingen, ein Gebrüll und Gejohle ausstieß; dann kamen sie alle zurückgelaufen und riefen, sie hätten sie gefunden. Wir Narren hatten nie an den Kirchhof gedacht! Wie ich zu Mary Wills sagte: ‹Und wir nennen uns Frauen! Wir hätten es wissen können!›

«Sie lag mit dem Gesicht auf seinem Grab, rings um sie herum war Erde verstreut, als hätte die Frau gegraben. Ihre armen Hände waren aufgeplatzt und ihre Arme bis zum Ellbogen hinauf lehmbeschmiert, und sie war tot – tot und friedlich.»

«Die Arme!» sagte ich. Und nach einem Augenblick: «Was war es – das Herz?»

«Erfrierung. Bestimmt auch Erschöpfung, nach all diesem Heulen; doch ‹Erfrierung› wurde als Todesursache angegeben. Mrs Cobb muss die ganze Zeit, während wir auf der Suche waren, dagelegen haben. An ihrem Kleid und auf ihrem Haar war Frost. Ach, wissen Sie, es ging mir zu Herzen, wenn ich daran dachte, wie er sich gegrämt haben muss, sie über sich in der Dunkelheit zu hören, als sie ihn rief und keine Antwort, keine Hilfe bekam, wo er sie doch so sehr geliebt hatte. Wahrscheinlich war das *seine* Strafe. ‹Liebe Kinder, hütet euch vor Götzen!› Darüber hörte ich

from idols!' I heard him preach on that once – one of his sound sermons, all Greek derivations and the Athanasian Creed."

"Poor things!" I said again. And then "At least, poor him! I can't get up much sympathy for her, can you?"

But Miss Shepperley did not answer, and lifting my eyes I saw that she was listening, not to me, but to the voices of the children, very loud and nasal all of a sudden in the hot little silent room:

Ye gentlemen of England,
That live at home at ease,
How little do you think upon
The dangers of the seas!
Give ear unto the mariners –

She turned with a gesture sharp as a cry. I never knew before that old eyes could hold such passion –

"'The dangers of the seas,' my dear! That's it! 'The dangers of the seas!' Have we ever sailed to the gates of hell and heaven, and seen the face of Love? Oh, it may come to you still. You're young. But I? What right have I to judge? Have I been where they've been? Grant that they wrecked themselves; but think of the stars they steered by! To bury the bodies when they come ashore and commend the souls to the wind of God that drove 'em – that's our business. But not to judge them, my dear, never to judge them; for we've not been on their journey, and we don't understand."

ihn einmal predigen – eine seiner vernünftigen Predigten, mit lauter Ableitungen aus dem Griechischen und mit dem Athanasianischen Glaubensbekenntnis.»

«Die Armen!» sagte ich wieder. Und dann: «Wenigstens er, der Arme! Für sie kann ich nicht viel Zuneigung aufbringen, können Sie's?»

Doch Miss Shepperley antwortete nicht, und als ich aufblickte, sah ich, dass sie zuhörte, nicht mir, sondern den Stimmen der Kinder, die auf einmal in dem heißen, kleinen, stillen Raum laut und durch die Nase tönend sangen:

Ihr Gentlemen aus England,
Die ihr behaglich zu Hause lebt,
Wie wenig denkt ihr doch
An die Gefahren der Meere!
Schenkt Gehör den Seeleuten...

Sie drehte sich um mit einer Geste, die schroff wie ein Schrei war. Nie zuvor wusste ich, dass alte Augen eine solche Leidenschaft ausdrücken konnten...

«‹Die Gefahren der Meere,› mein Lieber. Das ist's. ‹Die Gefahren der Meere!› Sind wir je zu den Pforten der Hölle und des Himmels gesegelt und haben das Angesicht der Liebe gesehen? Oh, auf Sie kann das noch zukommen. Sie sind jung. Aber ich? Was habe ich für ein Recht, zu urteilen? War ich dort, wo sie waren? Zugegeben: sie haben sich selbst zugrundegerichtet; doch – denken Sie an die Sterne, an denen sie vorübersteuerten! Die Leichname zu begraben, wenn sie an die Küste kommen und die Seelen dem Winde Gottes zu empfehlen, der sie getrieben hat – das ist unsere Aufgabe. Nicht aber, sie zu richten, mein Lieber, niemals sie zu richten; denn wir haben ihre Reise nicht mitgemacht und können sie nicht begreifen.»

William Sansom
The Witnesses

We, the witnesses, were of course present throughout the episode, although it would be difficult ever to determine whether what we saw was the final truth or indeed if we viewed the matter in its right perspective at all, for at the time there was a great deal of smoke blurring the air; and certain other factors might have confused us too.

Imagine a patch of marshland in the mist. The blackish earth smokes out its white vapor, there are little mounds where the mist appears to gather in greater density, there are pockets and sloping hollows that sometimes emerge clearly providing suddenly an ephemeral vista of some few yards – and then as quickly disappear as the white wet fog seeps and drifts all about them. Sometimes the fog hangs immobile, like a terrible pale blindness, and sometimes it wreathes and eddies. Then it has the motion of some slow-moving monster, a caterpillar, waving its head vaguely in search of the food it will so inevitably, so casually swallow.

But in this case the marsh has no surface of black peat – it is a wasteland of bad-smelling coffee beans. Coffee beans have poured from their burst sacks and now lie silted in thick mounds for hundreds of feet around. They have been burning, for there has been a fire, and the warehouse that once enclosed them has collapsed many hours ago. So that a few bricks and strange promontories of broken masonry

William Sansom
Die Zeugen

Wir, die Zeugen, waren natürlich während des ganzen Vorfalls anwesend, wenn es auch schwierig sein würde, jemals festzustellen, ob das, was wir sahen, die endgültige Wahrheit war oder ob wir die Angelegenheit überhaupt unter dem richtigen Blickwinkel betrachteten, denn damals verdunkelte sehr viel Rauch die Luft: auch bestimmte andere Umstände könnten uns irregemacht haben.

Stellen Sie sich einen Streifen Sumpfland im Nebel vor. Die schwärzliche Erde schwitzt ihren weißen Dampf aus, es gibt kleine Hügel, wo der Nebel sich in größerer Dichte zu sammeln scheint, es gibt Mulden und abschüssige Höhlungen, die mitunter deutlich zutage treten – wobei sie plötzlich einen flüchtigen Blick auf ein paar Meter verschaffen – und dann ebenso schnell verschwinden, wenn der weiße, feuchte Nebel langsam vordringt und ganz und gar um sie herumzieht. Manchmal hängt der Nebel starr wie eine schreckliche bleiche Trübung, und manchmal windet er sich und wirbelt umher. Dann bewegt er sich wie ein langsam kriechendes Ungeheuer, wie eine Raupe, die ihren Kopf hin und her wendet auf der Suche nach der Nahrung, die sie ganz unausweichlich, ganz beiläufig schlucken wird.

Doch in diesem Fall hat der Morast keine Oberfläche aus schwarzem Torf – er ist ein Sumpf aus übelriechenden Kaffeebohnen. Kaffeebohnen haben sich aus ihren zerborstenen Säcken ergossen und liegen nun Hunderte von Fuß im Umkreis in dicken schlammigen Haufen. Sie haben gebrannt, denn ein Feuer hat gewütet, und der Speicher, in dem sie einmal gelagert waren, ist vor vielen Stunden eingestürzt. So dass hier und dort ein paar Ziegelsteine und sonderbare Vorsprünge zerborstenen Mauerwerks aus dem

emerge at intervals from the brown swamp of steaming beans. Firemen have quenched the first fury of the fire, but there are still moments of danger ahead. For within the brownish-purple mounds and dunes there still lie muffled nests of fibre, deep and unpredictable, smoldering fiercely, corroding upwards as their hidden heat germinates, multiplying themselves in their effort to erupt a combustive exit. Upon these dangerous mounds firemen still pour a ceaseless stream of water. As the water drenches down, a mist of steam rises and, mixing with the smoke, fogs the air thickly.

Above this swamp a fireman seems to float in mid-mist. If you had stood below and looked up, you would have thought he was actually riding the steam, really straddling with the grip of his oil-skinned knees the white cloud itself.

But this is the illusion of steam, and smoke, for he really sits astride a broken wall obscured by the white veil of mist. As the mist drifts, you may see a part of the wall. It is some twenty feet high, so that the fireman sits on a precarious seat: he directs the jet from his hose downwards onto the beans, circling here and there as the smoke guides him toward patches of internal fire. The hose is heavy, the water pressure as much as he can hold. So that if something were to slip, the fireman would certainly be thrown off the wall and down into the terrible boiling beans: or he might break his head against some angular rock of masonry. Thus he is careful to keep the ridge of wall well gripped between his legs.

braunen Morast dampfender Kaffeebohnen auftauchen. Feuerwehrleute haben das erste Wüten des Brandes erstickt, aber noch immer stehen gefährliche Augenblicke bevor. Denn innerhalb der bräunlich-purpurnen Hügel und Haufen liegen noch verborgene Feuernester, tief drinnen und unberechenbar, wild glimmend und sich nach oben fressend, während ihre heimliche Hitze sich entwickelt, Nester, die sich vermehren in ihrem Bestreben, einen neuen Brandherd zu entfachen. Auf diese gefährlichen Hügel spritzen die Feuerwehrleute noch immer unablässig eine Menge Wasser. Während das Wasser nach unten dringt, steigt ein Schleier aus Dampf hoch, vermischt sich mit dem Rauch und hüllt die Gegend in dicken Nebel.

Über diesem Morast scheint ein Feuerwehrmann mitten im Nebelschleier zu schweben. Wenn Sie unten gestanden und hinaufgeschaut hätten, hätten Sie gedacht, er reite tatsächlich auf dem Dampf, sitze auf der weißen Wolke selbst und habe sie wirklich fest im Griff seiner durch Ölzeug geschützten Knie.

Aber das ist die Sinnestäuschung durch Dampf und Rauch, denn in Wirklichkeit sitzt er auf einer brüchigen Mauer, die vom weißen Nebelschleier verhüllt wird. Wenn der Nebel abzieht, kann man einen Teil der Mauer sehen. Sie ist etwa zwanzig Fuß hoch, so dass sich der Feuerwehrmann auf einem gefährlichen Sitz befindet: er lenkt den Strahl aus seinem Schlauch hinab auf die Bohnen, spritzt da und dort im Kreis, wenn der Rauch ihn zu Stellen hinführt, wo ein verstecktes Feuer brennt. Der Schlauch ist schwer, der Wasserdruck so stark, wie der Mann ihn gerade beherrschen kann. So dass der Feuerwehrmann, würde etwas ins Rutschen kommen, sicherlich von der Mauer hinunter in die schrecklich brodelnden Bohnen, gestoßen würde, oder er könnte mit dem Kopf gegen ein kantiges Stück Mauerwerk schlagen. Deshalb ist er darauf bedacht, den Mauerrücken fest zwischen seinen Beinen zu haben.

We watched those thick-booted legs of his as he leaned forward. We knew well that he forced his body forward because the hose and its live recoil constantly dragged him back. He leaned forward, in a sense resting on the firm hose, yet while he rested he had to push as well, for his weight alone could not control that pressure. The insides of his knees were aching as they bruised themselves slowly against the hard brick.

Although he was scarcely able to move the position of his body on that constricted wall – occasionally he had to ease his pressed flesh and tired muscles: for the strain of two or three hours in such a cramped position is tremendous. It calls for no quick exertion, no leap of prowess, but it is like carrying a heavy trunk, when your muscles accumulate their torture with the strain of each added minute, when hard corners bite into your flesh, when, out of breath, you drop the trunk heavily on a landing, determined to stretch and rest your cramped body before continuing up the next flight of stairs. But high up on the wall you cannot rest. The fireman must bear the torture of his trunk for hours, not minutes; if he relaxes, even for a second, the hose will likely whip out of his hands and sweep him off the wall with a single quick twist of its violent water pressure. So the fireman eases his seat only slightly, grits his teeth, and presses.

Thus on this occasion that particular fireman sat high up in the steam and watched his feathering jet of water soak into the brown

Wie er sich nach vorne lehnte, sahen wir uns diese in dicken Stiefeln steckenden Beine an. Wir wussten sehr wohl, dass er seinen Körper nach vorne zwang, weil der Schlauch und dessen kräftiger Rückstoß ihn dauernd nach hinten zerrten. Er beugte sich nach vorn, wobei er in gewisser Hinsicht auf dem festen Schlauch saß; doch während er sich ausruhte, musste er auch drücken, denn sein Gewicht allein konnte diesen Druck nicht beherrschen. Die Innenseiten seiner Knie schmerzten, wenn sie sich langsam an dem harten Backstein wund rieben.

Obschon der Mann kaum imstande war, die Stellung seines Körpers auf dieser schmalen Mauer zu verändern, musste er gelegentlich seinem zusammengepressten Fleisch und seinen müden Muskeln Erleichterung verschaffen, denn die zwei- bis dreistündige Belastung in so einer verkrampften Stellung ist ungeheuer. Sie verlangt keine rasche Anstrengung, keine forsche Tüchtigkeit, doch es ist, wie wenn man einen schweren Koffer trägt, wenn durch die Beanspruchung in jeder zusätzlichen Minute die Muskeln ihren Schmerz aufstauen, wenn harte Schwielen ins Fleisch drücken, wenn man atemlos den Koffer heftig auf einem Treppenabsatz abstellt, entschlossen, den verkrampften Körper zu recken und zu erholen, ehe man weitergeht, den nächsten Treppenabschnitt hinauf. Doch da oben auf der Mauer kann man nicht ausruhen. Der Feuerwehrmann muss die Qual mit dem Koffer nicht minutenlang, sondern stundenlang aushalten; entspannt er sich auch nur eine Sekunde, wird ihm der Schlauch wahrscheinlich aus den Händen schnellen und ihn mit einem einzigen raschen Schwapp seines gewaltigen Wasserdrucks von der Mauer fegen. Darum lockert er seinen Sitz nur wenig, beißt die Zähne zusammen und hält fest.

So saß bei dieser Gelegenheit der betreffende Feuerwehrmann hoch droben im Dampf und beobachtete seinen federnden Wasserstrahl, der langsam die braune Schmiere

mess beneath. Water trickled over his hands from a leaky joint in the brass nozzle. The water was icecold: his hands were blue and burning with cold. Once he looked down to a patch of clear pavement just beneath the wall, where the pump that served him was at work. The pump operator was bending over his controls. The fireman called down to him – it was some sort of greeting that he called – but the operator never looked up. Not feeling so sociable, thought the fireman. Or is he still grumbling at me over...? The fireman thought of a row they had had earlier that afternoon.

The soaked mash of beans smelt thickly of something like wet sacking. It was a dead smell; it seemed to clog the air. The fireman screwed up his nostrils in disgust. He coughed as a thicker drift of smoke whipped his lungs. Then, painfully, he eased his seat on the hard brick. This is most comfortable, he grunted, isn't it? He shifted the beam of water over to a streak of smoke that showed blue against the whitish steam. He settled down to wait again, and, with only the automatic task in his hands, his mind began to dream. He thought suddenly: Here I am, high up on the wall, riding above everybody, like a rich man in his car! How fine it is to lie back on the cushions, and look through the warm, solid glass at the cold world that hurries along the street outside. I am shaved and my fingers are clean: I am free from the sweat of walking and the grime of bus-rails. I can lie back and think at my leisure. None of the minor mechanics of movement to disturb me, I am transported. Why, I can even continue to construct the affairs

unten durchtränkte. Wasser tropfte ihm aus einem undichten Verbindungsstück im Messingstutzen über die Hände. Das Wasser war eiskalt: seine Hände waren blau und brannten vor Kälte. Einmal schaute er hinunter auf einen Streifen sauberen Pflasters genau unterhalb der Mauer, wo die Pumpe, die ihn versorgte, in Betrieb war. Der Mann an der Pumpe neigte sich gerade über seine Reguliervorrichtungen. Der Feuerwehrmann rief zu ihm hinunter – irgendeine Art von Gruß –, doch der Mann an der Pumpe sah gar nicht nach oben. Hat keine Sprechstunde, dachte der Feuerwehrmann. Oder grollt er mir immer noch wegen...? Der Feuerwehrmann dachte an einen Streit, den sie zuvor an jenem Nachmittag gehabt hatten.

Der durchtränkte Matsch aus Bohnen roch stark wie nach nassem Sackleinen. Es war ein öder Geruch, der die Luft zu verstopfen schien. Der Feuerwehrmann zog angewidert die Nase hoch. Er hustete, als eine dickere Rauchschwade seiner Lunge zusetzte. Da erleichterte er mühsam seine Sitzhaltung auf dem harten Mauerstein. Das ist überaus bequem, brummte er, nicht wahr? Er schwenkte den Wasserstrahl hinüber zu einem Rauchstreifen, der vor dem weißlichen Dampf blau wirkte. Er machte sich wieder ans Warten, und da er nur die mechanische Arbeit zu verrichten hatte, begann seine Seele zu träumen. Auf einmal dachte er: Hier bin ich, hoch oben auf der Mauer, und schwebe über jedermann, wie ein Reicher in seinem Wagen! Wie fein ist es doch, sich in die Polster zurückzulegen und durch das warme feste Glas hindurch die kalte Welt zu betrachten, die auf der Straße draußen vorbeirauscht! Ich bin rasiert, meine Finger sind sauber; ich bin frei vom Schweiß des Fußgängers und dem Schmutz der Autobusgriffe. Ich kann mich zurücklegen und nach Lust und Laune denken. Keiner der kleinen Bewegungsabläufe kann mich behindern, ich werde gefahren. Nun, ich kann sogar weiterhin die geschäftlichen Angelegenheiten ausarbeiten,

of business that have bought me this freedom from interruption, so that as I lie back I am at the same time insuring myself against all interruptions and irritations of the future. The position is perpetual and unassailable.

The hose stiffened slightly: The pump operator must have increased the water pressure. Then it slackened to its previous strength: Tricky, thought the fireman, he'll throw me off the wall if he does that too much: His thoughts returned to the limousine; but, distracted from their original plan; they began to consider the rich man more detachedly. Of course, thought the fireman, you can't blame them for wanting to keep away from the bustle. They've got to keep their minds clear in that sort of job. The more leisure for consideration, the greater their efficiency. Yet – perhaps if they took their part in the scramble for the tube and in the bus queue in the rain – well, they'd get to know their fellow men better: what they think is sacrificed in efficiency might be compensated by a greater knowledge of people, a love for the masses their industries serve, in fact, an efficiency of living.

But perhaps the rich man would never grow to love his people. Perhaps they would just irritate him, so that he might direct his industry finally against them. No, better the limousine and the distance – let him see them from a distance and love them if he is man enough. Or again, does the distance most usually engender nothing more than a barrier of unfamiliarity? We mistrust the unfamiliar, we fear it, and that is hate.

Hate. The fireman looked down at the pump operator and remembered the row they had had

die mir dieses Befreitsein von Störung erkauft haben, so dass ich mich zurücklehnen und mich gleichzeitig gegen alle künftigen Unterbrechungen und Verärgerungen absichern kann. Die Stellung ist von Dauer und unangreifbar.

Der Schlauch wurde ein wenig steifer. Der Mann an der Pumpe muss den Wasserdruck erhöht haben. Dann verminderte sich der Druck wieder auf seine vorherige Stärke. Durchtrieben, dachte der Feuerwehrmann, wenn er das zu stark macht, wird er mich von der Mauer herunterschütteln. Seine Gedanken kehrten zum Auto zurück; aber sie begannen, von ihrem ursprünglichen Plan abgelenkt, den reichen Mann unvoreingenommener zu betrachten. Natürlich, dachte der Feuerwehrmann, kann man diese Leute nicht dafür tadeln, dass sie dem Trubel fernbleiben wollen. Sie müssen sich bei dieser Art von Arbeit den Kopf frei halten. Je mehr Muße zum Überlegen, desto größer ihre Leistungsfähigkeit. Doch – vielleicht , wenn sie an der Drängelei zur U-Bahn und an der Busschlange im Regen teilnähmen – würden sie eben ihre Mitmenschen besser kennenlernen. Was ihrer Meinung nach an Leistungsfähigkeit verloren geht, könnte durch eine größere Menschenkenntnis, eine Liebe zu den Massen, denen ihre Tätigkeit dient, wirklich durch Tüchtigkeit in der Lebensführung wettgemacht werden.

Aber möglicherweise würde der Reiche nie dahin kommen, seine Leute zu lieben. Vielleicht würden sie ihn bloß reizen, so dass er schließlich seine Betriebsamkeit gegen sie richten könnte. Nein, besser die Limousine und der Abstand – möge er die Leute aus einer gewissen Entfernung sehen und gern haben, wenn er Manns genug ist. Doch wiederum: erzeugt der Abstand meistens nichts weiter als eine Schranke der Fremdheit? Wir misstrauen dem Ungewohnten, wir fürchten es, und das ist Hass.

Hass. Der Feuerwehrmann schaute auf den Mann an der Pumpe hinunter und erinnerte sich an den Krach, den

that afternoon. He thought, I wonder if he hates me? He watched the dim figure stooping over the pump controls, peering at the gauges in the yellow light of his torch. A curious fellow, keeps himself to himself, hardly says a word – yet he opened out well and truly this afternoon. Could I help it if the girl happened to be his sister? Yes, a quiet chap – but in a way not naturally quiet. More as though he were always compressing some terrific energy that boiled to get out of him. I don't like the way his brows devil together – that's said to be a dangerous sign.

Suddenly the fireman was thinking of a barber's chair. He had a fad about barbers' chairs. He would never let a barber shave him, for instance. He imagined that perhaps, with the soft temptation of his naked neck, with the keen razor poised in the barber's hand, with some deep weariness of life ticking away in the barber's head – the barber's mind might snap and he would flick the razor deep into the tender throat already clutched so firmly in his hand! The fireman shivered. Then, even on the hard brick, his spine stiffened and he sat bolt upright. Perhaps that would happen with the pump man! Perhaps there were years of suppressed feeling growling within his head like the poison of a tumor – a tumor that was being forced to a point that very moment by a sharp hatred of the man who had invaded his sister! so that this was the moment, the blinding moment of noise and fierce light, when the tumor would rip itself open! The fireman knew well

sie an diesem Nachmittag gehabt hatten. Er dachte: Ob er mich wohl hasst? Er beobachtete, wie die verschwommene Gestalt sich über die Reguliervorrichtungen beugte und im gelben Licht seiner Lampe die Messgeräte in Augenschein nahm. Ein sonderbarer Bursche, bleibt für sich, sagt kaum ein Wort – und doch ging er heute nachmittag so richtig aus sich heraus. Konnte ich etwas dafür, dass dieses Mädchen zufällig seine Schwester war? Ja, ein ruhiger Kerl – aber irgendwie nicht von Natur aus ruhig. Mehr als hielte er ständig eine schreckliche Kraft zusammen, die am Kochen war und aus ihm entweichen wollte. Ich mag die Art nicht, wie sich seine Augenbrauen teuflisch zusammenschieben – das soll ein gefährliches Zeichen sein.

Auf einmal dachte der Feuerwehrmann an einen Friseurstuhl. Er hatte, was Friseurstühle betrifft, einen Tick. Er würde sich zum Beispiel nie von einem Friseur rasieren lassen. Wenn vielleicht sein bloßliegender Hals eine sanfte Verführung darstellte, wenn das scharfe Rasiermesser in der Hand des Friseurs gezückt wäre, wenn irgendein tiefgehender Lebensüberdruss im Kopf des Friseurs abliefe – dann, so stellte er sich vor, könnte es dort «klick» machen, und der Figaro würde das Rasiermesser tief in die empfindliche Kehle stoßen, die schon so fest von seiner Hand umspannt war. Der Feuerwehrmann zitterte. Da versteifte sich sogar auf dem kalten Mauerstein sein Rückgrat, und er saß kerzengerade. Vielleicht würde das mit dem Mann an der Pumpe geschehen! Vielleicht gab es ein jahrelang unterdrücktes Gefühl, das in seinem Kopf rumorte wie das Gift eines Tumors – eines Tumors, der in gerade diesem Augenblick in ein entscheidendes Stadium gezwungen wurde durch einen heftigen Hass auf den Mann, der seine Schwester angetastet hatte, so dass dieses der Augenblick war, der blind machende, von Lärm und grellem Licht erfüllte Augenblick, in dem der Tumor von selbst aufbräche. Der Feuerwehrmann wusste sehr wohl, dass der Mann an

that the pump operator could murder him. With a little dive of his forefinger he could press down the throttle so that a powerful gust of water would whip through the hose, lifting him clean off the wall, throwing him high in the air above the burning mess below. He shuddered and glanced down in dread at the man beneath him. Then he checked the wildness of his thinking with a short laugh. Such things didn't happen, not really. But, although he was laughing at himself, he scarcely moved his head to look down. Beneath his laughter he was afraid of what he might see.

Suddenly the night flared up. A brilliant red glare flooded through the mist and the smoke. Everything flashed into being. Light evaporated the mist, so that each corner of the architecture, each detail of the pump, each line of the operator's uniform leapt into abrupt definition, like objects switched suddenly onto a screen. We learnt afterwards that an oil tank had been ignited somewhere across the road. The fireman was looking straight at the pump operator. The operator turned his face upwards as the light came. Every feature could be distinguished. As they stared into each other's faces, a lump of fear choked the fireman's throat. For the operator was smiling! Beneath the dark V of his brows the eyes glittered with furious amusement, the lips drew back on teeth half-opened in a yellow snarl of delight. Have you ever seen a dog laugh? It was like that. Humorous yet malevolent, a puppet of a laugh, the mouthing of a lunatic child over fangs that were made to bite.

In that malicious instant of blinding light, the

der Pumpe ihn umbringen konnte. Durch ein leichtes Senken seines Zeigefingers könnte er das Ventil nach unten drücken, so dass ein mächtiger Wasserstrahl durch den Schlauch peitschen würde, der ihn, den Feuerwehrmann, glatt von der Mauer heben und hoch in die Luft über das brennende Durcheinander da unten werfen würde. Er schauderte und warf ensetzt einen Blick auf den Mann unter ihm. Dann gebot er der Wildheit seines Denkens mit einem kurzen Lachen Einhalt. So etwas kam nicht vor, nicht in Wirklichkeit. Doch obschon er über sich lachte, bewegte er vorsichtig den Kopf, um hinabzuschauen. Das Lachen verbarg nur, dass er Angst hatte vor dem, was er vielleicht sehen könnte.

Plötzlich leuchtete die Nacht auf. Ein hellroter Feuerschein flutete durch den Nebel und den Rauch. Alles wurde grell erleuchtet. Das Licht verdrängte den Nebel, so dass jede Ecke des Baus, jede Einzelheit der Pumpe, jede Falte der Uniform des Manns an der Pumpe auf einmal deutlich sichtbar wurde, wie Dinge, die plötzlich auf eine Filmleinwand geworfen werden. Später erfuhren wir, dass irgendwo auf der anderen Straßenseite ein Öltank in Brand geraten war. Der Feuerwehrmann blickte jetzt ganz bewusst auf den Mann an der Pumpe. Dieser wandte, als das Licht erschien, das Gesicht nach oben. Jeder Gesichtszug war klar zu erkennen. Wie sie sich gegenseitig so anstarrten, überkam den Feuerwehrmann vor Angst ein Würgen in der Kehle. Denn der Mann an der Pumpe lächelte. Unter dem düsteren V seiner Brauen funkelten die Augen vor wütendem Vergnügen; die Lippen wichen zurück, und die zur Hälfte sichtbaren gelben Zähne waren vor Lust gefletscht. Haben Sie je einen Hund lachen sehen? So sah es aus. Spaßig, doch feindselig, ein marionettenhaftes Lachen, die Grimasse eines irren Kindes über Fangzähnen, die zum Zubeißen geschaffen waren.

In diesem tückischen Augenblick grellen Lichts sah der

fireman saw three things. This terrible smile, beneath it the man's hand covering his murderous throttle lever, and beyond and all around the scalding mass of beans. He thought suddenly of the parade ground, where once he had seen three heavy men holding the nozzle end of a charged line of hose. Someone back at the pump had accelerated the water pressure. Very slowly the men had been lifted from their feet as the hose stiffened and recoiled. The men had hung there, stupidly, up in the air, three heavy men powerless to weigh down the slim white hose.

Before every great catastrophe there is said to be a pause, a terrible imagined silence. Threatened men for the first time in their lives become aware of certainty. The quicksilver sets, time freezes solid. Always before at every crisis, there has somewhere appeared an alternative of escape. But now, even as their minds wildly search for a way out, they are sure in their souls that at last there is none. The hypnosis is absolute. Each muscle freezes, not so much with dread as with knowledge. And then, in the least part of the last second, the will to movement reasserts itself. In any direction they will run, strike, jump. It is the final act of survival. Hearing the bomb whistle down from above, the audience in a theater, with no room to throw themselves to the ground, rise to their feet, as though an anthem were being played. A sailor jumps from his boat before it strikes the rock. Just as – before the pressure reached him, the fireman threw himself from the wall. He flung the hose away from him, and, swinging his leg over, just as if he were dismounting from a horse, he left the wall and dived down into the boiling beans.

Feuerwehrmann drei Dinge. Dieses schreckliche Lächeln, darunter die Hand des Mannes, die seinen todbringenden Ventilhebel verdeckte, sowie weiter weg und rings herum die brennende Masse von Bohnen. Er dachte plötzlich an den Paradeplatz, wo er einmal gesehen hatte, wie drei starke Männer die Mündung einer unter Druck stehenden Schlauchleitung hielten. Jemand an der Pumpe hinten hatte den Wasserdruck erhöht. Ganz langsam waren den Leuten die Füße weggezogen worden, als der Schlauch steifer wurde und zurücksprang. Da hatten die Leute in der Luft gehangen, benommen, drei starke Männer, die nicht die Kraft besaßen, den dünnen weißen Schlauch nach unten zu drücken.

Vor jedem großen Unglück, heißt es, trete eine Pause ein, eine schreckliche eingebildete Stille. Bedrohte Menschen spüren zum ersten Mal in ihrem Leben eine Gewissheit. Das Quecksilber zieht sich zusammen, die Zeit wird eisig. Zuvor ist stets, in jeder Krise, irgendwo ein möglicher Ausweg erschienen. Doch jetzt wissen sie in ihrem Innersten ganz sicher, dass es schließlich keinen gibt, selbst während ihr Verstand wie wild nach einem sucht. Die Lähmung ist vollkommen. Jeder Muskel erstarrt, nicht so sehr vor Schreck als vor Wissen. Und dann, im kleinsten Bruchteil der letzten Sekunde, belebt sich erneut der Wille, sich zu bewegen. In jede Richtung – sie rennen dann, schlagen zu, springen. Es ist die letzte Handlung, um zu überleben. Die Zuschauer in einem Theater, die von oben eine Bombe pfeifen hören und keinen Platz haben, um sich auf den Boden zu werfen, springen auf, als würde eine Hymne gespielt. Ein Seemann springt aus seinem Schiff, ehe es auf der Klippe aufläuft. Genauso sprang der Feuerwehrmann von der Mauer – noch ehe der Wasserdruck ihn erreichte. Er warf den Schlauch von sich, schwang das Bein hinüber, als stiege er von einem Pferd, verließ die Mauer und tauchte hinunter in die brodelnden Kaffeebohnen.

That was what happened. But to this day we cannot be sure that the pressure ever really increased. We never saw the pump operator's hand move the throttle. Perhaps the fireman never really saw the smile, perhaps the smile never existed? It is quite possible, after all, that it was nothing more than an expression of fear at the sudden bright glare. That is possible! A moment's fear transformed into a smile of hatred only by the fireman's brain, the unreliable agent that informed us, the witnesses, his eyes.

Genau das geschah. Doch bis heute können wir nicht sicher sagen, dass der Wasserdruck jemals wirklich stärker geworden war. Wir sahen gar nicht, dass der Mann an der Pumpe die Hand am Ventil bewegte. Vielleicht sah der Feuerwehrmann das Lächeln nie wirklich, vielleicht gab es das Lächeln gar nicht. Es könnte durchaus sein, dass es bloß ein Ausdruck der Angst vor dem plötzlichen gleißenden Licht war. Das ist möglich! Die Angst eines Augenblicks, nur vom Gehirn des Feuerwehrmanns in ein hasserfülltes Lächeln umgedeutet, der unzuverlässige Mittler, der uns, den Zeugen, Auskunft gab – seine Augen.

Nigel Kneale
Jeremy in the Wind

Yes, it was windy when I first met him, mister.

He was standing in the middle of a field, waving his arms at the big black birds who steal the little seeds men put in the ground. My word, he could swing his arms about!

So I climbed over the wall and went up – keeping low, because you're not supposed to go into men's fields, are you?

When I reached him, I saw how thin he was. You could almost see the wind blowing through him – you could really! He had a long black coat down to the ground, and a brown hat and black gloves with little holes in at the ends.

But I liked his face. I said, "I do like your face, Jeremy." You see I knew his name was Jeremy. It was a sort of special face, pretty big, and greeny-coloured, with black eyes you could see right inside. And a big smiling mouth; but I think his lips were sore: they were split and flaky-looking.

I had to shout because it was so windy. "Will you come for a walk with me, Jeremy?" I shouted it right up close to him and then – you'll never guess what happened. Three little yellow mice came out of Jeremy's mouth and ran down his coat to the ground. I like those sort of mice.

When they had run right away, I took Jeremy's arm. Poor old Jeremy! he could hardly move because his feet – his foot, it was really, because he only had one – it was buried deep in the earth. So I got it out for him and then he was taller than I am – I had to look right up at him, like you

Nigel Kneale
Jeremy im Wind

Ja, es war windig, als ich ihn zum ersten Mal traf, Mister.

Er stand mitten in einem Feld und schwenkte die Arme gegen die großen schwarzen Vögel, welche die in den Boden gesteckten kleinen Samen stehlen. Auf mein Wort, der konnte die Arme herumschwenken!

So stieg ich über die Mauer und ging auf ihn zu – geduckt, weil man ja nicht in die Äcker von Leuten gehen soll, nicht wahr?

Als ich bei ihm war, sah ich, wie dünn er war. Man konnte fast sehen, wie der Wind durch ihn blies – wirklich. Er trug einen langen, schwarzen, bis zum Boden reichenden Mantel, einen braunen Hut und schwarze Handschuhe, in deren Enden kleine Löcher waren.

Aber mir gefiel sein Gesicht. Ich sagte: «Ich mag dein Gesicht, Jeremy.» Wissen Sie, mir war bekannt, dass er Jeremy hieß. Es war eine besondere Art von Gesicht, ziemlich groß und von grünlicher Farbe, mit schwarzen Augen, in die man so richtig hineinblicken konnte. Und ein großer, lächelnder Mund; doch seine Lippen, glaube ich, waren wund: sie waren aufgeplatzt und sahen schuppig aus.

Ich musste schreien, weil es so windig war. «Willst du mit mir spazierengehen, Jeremy?» brüllte ich ihm aus nächster Nähe zu, und dann – Sie werden nie erraten, was geschah. Drei Mäuschen kamen aus Jeremys Mund und liefen an seinem Mantel hinunter auf den Boden. Ich mag diese Art von Mäusen.

Als sie ganz weg waren, fasste ich Jeremy am Arm. Armer alter Jeremy! Er konnte sich kaum bewegen, weil seine Füße – oder vielmehr sein Fuß, er hatte nur einen – tief in der Erde vergraben war. Ich nahm also den Fuß für ihn heraus, und dann war Jeremy größer als ich – ich musste

look up at your daddy when you're a little boy. As the wind blew, Jeremy waved his arms about and shook his head. I don't think he wanted the wind to blow that way.

Then I heard him talk for the first time. He's got a sort of dry rattly voice, and you have to listen very hard to tell what he's saying.

Jeremy said, "Let's go now. Go." So I put my arm round him and we went along down the field, with his foot dragging in the soil because it was so stiff.

I don't think it's very exciting to just stand in a field like he was, do you?

We travelled on the road together for a while: Jeremy was leaning on me and it was pretty steep, so at last we stopped. Jeremy rested against the hedge while I had a drink out of a stream: the water was cold because it was so windy.

A man came along on a horse-cart full of cabbages, and presently he stopped and looked at us.

"What have you got there?" said the man. "Jolly old pals, eh?" And he started to laugh till his eyes shut.

Then there was another huge gust of wind, and Jeremy's coat billowed out and he wagged his hand towards the man on the cart, and made a noise in his throat.

"He's bad," said Jeremy, and his head nodded at me. I knew the man had upset him.

So I left Jeremy against the hedge and ran at the man. He stopped laughing then and swished at me with his whip – there's the mark just by where my hair begins, see? – but I pulled him down into the road and knocked him, over and over again, until he stopped moving.

richtig zu ihm aufblicken, so wie man als kleiner Junge zu seinem Papa aufblickt. Da der Wind blies, fuchtelte Jeremy mit den Armen herum und schüttelte den Kopf. Ich glaube, es passte ihm nicht, dass der Wind so blies.

Dann hörte ich ihn zum ersten Mal reden. Er hat eine irgendwie trockene rasselnde Stimme, und man muss sehr gut aufpassen, um zu verstehen, was er gerade sagt.

Jeremy sagte: « Gehen wir jetzt! Los! » Ich legte also meinen Arm um ihn, und wir gingen zusammen das Feld entlang, wobei sein Fuß in der Erde schleifte, weil er so steif war.

Ich glaube nicht, dass es sehr spannend ist, einfach so, wie er, auf einem Feld zu stehen, nicht wahr?

Eine ganze Weile zogen wir zusammen auf der Landstraße dahin: Jeremy lehnte sich an mich; es ging ziemlich steil aufwärts, und wir blieben schließlich stehen. Jeremy ruhte an der Hecke aus, während ich aus einem Bach trank. Das Wasser war kalt, weil es so windig war.

Ein Mann kam mit einem Pferdefuhrwerk voll Kohlköpfen des Weges, hielt sogleich und schaute uns an.

« Was haben Sie denn da? » fragte er. « Fidele alte Kumpel, was? » Und er fing zu lachen an, bis ihm die Augen zugingen.

Dann kam wieder eine gewaltige Windbö, Jeremys Mantel schwoll an, Jeremy drohte dem Mann auf dem Fuhrwerk mit der Hand und räusperte sich.

« Er ist bös », sagte Jeremy und nickte mir mit dem Kopf zu. Mir wurde klar, dass der Mann ihn aus der Fassung gebracht hatte.

Ich ließ also Jeremy an der Hecke stehen und lief zu dem Mann hin. Der hörte auf zu lachen und ließ seine Peitsche auf mich niedersausen – hier ist die Strieme, genau an meinem Haaransatz, sehen Sie? – doch ich zerrte ihn herunter auf die Straße und schlug ihn, immer wieder, bis er sich nicht mehr rührte.

The horse was frightened, I think, because he ran away, and cabbages were falling out of the cart all over the road. Birds flew from the bushes and little things ran about in the hedges. And when I walked away with Jeremy, I saw something dark sort of spreading round the man.

But Jeremy – he just chuckled.

As we went along, he talked to me – funny sort of voice he's got – until a pebble fell out of his mouth.

Then he stopped, and didn't say anything at all. So I thought perhaps the pebble helped him, and when I saw a nice shiny yellow one by the roadside, I popped it into his mouth like a sweet. At the top of the next hill he started to talk again, and when gusts of wind came, he swung his arms.

I think we must have walked a long way after that, and my feet were sore. It was about sunset too, when we came to a village; not very far from here, I think.

There was a kind of shop where they sold tea, and we went in.

"We'll have food now," I said to Jeremy. But he said nothing and he didn't move, because everything was still in the shop Funny, isn't it? He's so quiet when the wind doesn't blow.

In a bit a woman came out. When she saw Jeremy she said, "Take that thing out of here!" But he didn't do anything.

She looked at me again and then back at Jeremy and gave a little scream. "Oh!" she said – her voice came out squeaky – "it's you! That poor carter! – you – you –" She ran out into the room behind the shop and there was a noise of bells ringing.

I said, "We'll get some tea all right, Jeremy," and

Das Pferd war, glaube ich, erschrocken, denn es lief davon, und Kohlköpfe fielen jetzt die ganze Straße entlang aus dem Wagen. Vögel flogen aus den Büschen, und kleines Getier rannte in den Hecken umher. Als ich mit Jeremy wegging, sah ich, wie etwas Dunkles sich um den Mann herum ausbreitete.

Aber Jeremy – der gluckste bloß.

Während wir gingen, plauderte er mit mir – er hatte eine ulkige Stimme –, bis ihm ein Kiesel aus dem Mund fiel.

Da blieb er stehen und sagte überhaupt nichts. Daher dachte ich, dass der Kieselstein ihm vielleicht gut tat, und als ich einen hübschen, glänzenden, gelben neben der Straße sah, steckte ich ihm den wie einen Bonbon in den Mund. Auf der Kuppe des nächsten Hügels fing er wieder zu reden an, und als Windböen kamen, schwang er die Arme.

Danach müssen wir wohl eine lange Wegstrecke zurückgelegt haben, und meine Füße waren wund. Es war auch schon um die Zeit des Sonnenuntergangs, als wir in ein Dorf gelangten; nicht sehr weit von hier, glaube ich.

Da gab es eine Art Laden, wo Tee verkauft wurde, und wir gingen hinein.

« Wir wollen jetzt etwas essen », sagte ich zu Jeremy. Doch er sagte nichts und rührte sich nicht, weil alles im Laden still war. Komisch, nicht wahr? Er ist so ruhig, wenn kein Wind geht.

Nach einer Weile kam eine Frau heraus. Als sie Jeremy sah, sagte sie: « Schaffen Sie das Ding fort! » Doch er hatte gar nichts getan.

Sie schaute mich wieder an, blickte dann zurück auf Jeremy und stieß einen kleinen Schrei aus. « Oh! » sagte sie – ihre Stimme hörte sich quietschend an – « Sie sind's! Dieser arme Fuhrmann! – Sie – Sie – » Sie rannte hinaus in den Raum hinter dem Laden, und nun fingen Klingeln zu läuten an.

Ich sagte: « Wir werden jetzt Tee kriegen, Jeremy", und

patted him on the back: little pieces of straw fell out of his hand. I was hungry and cold and I said loudly, "We want some tea!" But nobody answered.

After a minute – yes, it was only a minute – I heard more feet coming outside, and the door opened.

I don't like policemen, do you? Well, it was one of them, and he looked at me and Jeremy, and licked his lips quickly and said, "You'd better come with me, I think."

You can't guess what happened then.

Jeremy fell on the policeman!

They tumbled to the ground and I saw Jeremy's hat and the policeman's helmet roll under a table. The policeman grabbed at Jeremy's greeny-yellow head, but I knocked him and pulled Jeremy away.

I think I knocked that policeman pretty hard too.

I got my arm round Jeremy and we ran out of the shop as fast as anything. I could hear the old policeman groaning behind, and the woman shouting.

So now I'm here, mister.

I like your house. It's nice to sit by a warm fire and see good things about you. I'd like to stay here always.

Why don't you look at that window over there? That's right.

Oh, you don't need to jump like that: it's only Jeremy. He's standing just where I left him. Don't you think he's got a pretty nice face?

He must be cold out there, and he hasn't got any hat either, poor old Jeremy.

Now I'm going to give you a surprise.

Jeremy and me are going to live here: in this house: always.

klopfte ihm auf den Rücken: kleine Strohstückchen fielen ihm aus der Hand. Ich war hungrig, mich fror, und ich sagte laut: «Wir wollen Tee!» Doch niemand antwortete.

Nach einer Minute – ja, es war nur eine Minute – hörte ich, wie mehr als zwei Füße von draußen kamen und die Tür aufging.

Ich mag Polizisten nicht; Sie etwa? Nun, es war einer von ihnen, und er schaute mich und Jeremy an, leckte sich schnell die Lippen und sagte: «Sie sollten lieber mit mir kommen, glaube ich.»

Sie können erraten, was dann geschah.

Jeremy fiel auf den Polizisten.

Sie stürzten zu Boden, und ich sah Jeremys Hut und den Helm des Polizisten unter einen Tisch rollen. Der Polizist grapste nach Jeremys grünlich-gelbem Kopf, aber ich versetzte ihm einen Schlag und zog Jeremy weg.

Ich glaube, dass ich auch diesen Polizisten ziemlich tüchtig verprügelt habe.

Ich schlang meinen Arm um Jeremy, und wir rannten aus dem Laden, so schnell es ging. Ich konnte hören, wie der alte Polizist hinter uns stöhnte und die Frau brüllte.

Deshalb bin ich jetzt hier, Mister.

Mir gefällt das Haus. Es ist nett, an einem warmen Feuer zu sitzen und gute Dinge um sich herum zu sehen. Ich möchte gern immer hier bleiben.

Warum schauen Sie nicht auf das Fenster dort drüben? Ganz recht!

Oh, Sie brauchen nicht so aufzuspringen; es ist nur Jeremy. Er steht genau dort, wo ich ihn verließ. Finden Sie nicht, dass er ein ziemlich nettes Gesicht hat? Doch da draußen muss ihn frieren; auch hat er keinen Hut, der arme alte Jeremy.

Jetzt will ich Ihnen eine Überraschung mitteilen.

Jeremy und ich werden hier wohnen – in diesem Haus – immer.

No, don't jump about and try to pick that thing up. I know what it is. A telephone.

And you mustn't run away! I'll just have to knock you. Hard.

And then I – me and Jeremy'll be in this house always. And sometimes we'll sit in the garden and he can talk to me.

On windy days.

Nein, springen Sie nicht auf und versuchen nicht, das Ding abzuheben. Ich weiß, was das ist. Ein Telefon.

Sie dürfen nicht weglaufen! Ich werde Sie bloß verprügeln müssen. Tüchtig.

Und dann werde ich – werden ich und Jeremy immer in diesem Haus sein. Und manchmal werden wir im Garten sitzen, und er kann mit mir reden.

An windigen Tagen.

Anmerkungen

Linklater

Seite 6, Zeile 21 Coleridge, Samuel Taylor (1772–1834); führender englischer Dichter und Kritiker, der, zusammen mit William Wordsworth, die Sprache der Dichtung erneuerte.

12, 8 North Berwick – beliebter schottischer Ferienort am Firth of Forth. Bass Rock – kleine, unbewohnte Insel am Firth of Forth, Rastplatz für Kolonien von Meeresvögeln.

22, 7 razorbill – Tordalk, eine Art der Alken (alca torda).

22, 10 kittiwake (lautnachahmend) – Dreizehenmöwe (Gattung Rissa).

32, 19 Sule Skerry – winzige Insel im Atlantischen Ozean westlich der Orkney-Inseln.

40, 6 Shetland – Gruppe von etwa hundert Inseln, davon ein Fünftel unbewohnt, nördlich vom schottischen Festland.
the Scillies – Inselgruppe, die Land's End in der Grafschaft Cornwall im Südwesten Englands vorgelagert ist.

Isherwood

56, 15 "The Ring and the Book" (1868/69) – Gedicht in Blankversen (über 21000 Zeilen), das Robert Brownings Ruhm begründete.

62, 3 Forest Hill – Wohnviertel im Bezirk Queens, New York City. Im Stadion des West Side Tennis Club werden seit 1915 die Turniere der USA ausgetragen.

62, 16 Providence – vermutlich handelt es sich um einen Ort dieses Namens in Kentucky oder in Tennessee.

Dane

122, 29 Whitefield, George (1714–70), populärer Prediger der Church of England mit großer Wirkung in England und Amerika. Er regte die Gründung von etwa fünfzig Colleges und Universitäten in den Vereinigten Staaten an, darunter Princeton und Pennsylvania.

156, 32 sovereign – britische Goldmünze von zwanzig Schilling.

164, 32 "The fountains of the great deep windows opened." Genesis 7,11.

172, 3 Athanasian Creed, auch Quicumque vult genannt, nach den lateinischen Anfangsworten eines christlichen Glaubensbekenntnisses.